新时代上海"人民城市"建设的探索与实践丛书

一流城市要有一流治理

城管综合执法卷

A First-Class City Must Have First-Class Management
Urban Management and Law Enforcement

上海市住房和城乡建设管理委员会
上海市城市管理行政执法局　　编著

中国建筑工业出版社

一流城市，一流治理

崇法善治，执法为民

丛书编委会

主　　　任： 张小宏　上海市人民政府副市长
　　　　　　　秦海翔　住房和城乡建设部副部长
常务副主任： 王为人　上海市人民政府副秘书长
副　主　任： 杨保军　住房和城乡建设部总经济师
　　　　　　　苏蕴山　住房和城乡建设部建筑节能与科技司司长
　　　　　　　胡广杰　中共上海市城乡建设和交通工作委员会书记、
　　　　　　　　　　　上海市住房和城乡建设管理委员会主任
委　　　员： 李晓龙　住房和城乡建设部办公厅主任
　　　　　　　曹金彪　住房和城乡建设部住房保障司司长
　　　　　　　姚天玮　住房和城乡建设部标准定额司司长
　　　　　　　曾宪新　住房和城乡建设部建筑市场监管司司长
　　　　　　　胡子健　住房和城乡建设部城市建设司司长
　　　　　　　王瑞春　住房和城乡建设部城市管理监督局局长
　　　　　　　宋友春　住房和城乡建设部计划财务与外事司司长
　　　　　　　牛璋彬　住房和城乡建设部村镇建设司司长
　　　　　　　张玉鑫　上海市规划和自然资源局党组书记、局长
　　　　　　　于福林　上海市交通委员会党组书记、主任
　　　　　　　史家明　上海市水务局（上海市海洋局）党组书记、局长
　　　　　　　邓建平　上海市绿化和市容管理局（上海市林业局）党组书记、
　　　　　　　　　　　局长
　　　　　　　王　桢　上海市住房和城乡建设管理委员会副主任，
　　　　　　　　　　　上海市房屋管理局党组书记、局长
　　　　　　　徐志虎　上海市城市管理行政执法局党组书记、局长
　　　　　　　张玉学　上海市公安局交通警察总队党委书记、总队长
　　　　　　　咸大庆　中国建筑出版传媒有限公司总经理

丛书编委会办公室

主　　　任： 胡广杰　中共上海市城乡建设和交通工作委员会书记、
　　　　　　　　　　　上海市住房和城乡建设管理委员会主任
副　主　任： 金　晨　上海市住房和城乡建设管理委员会副主任
成　　　员： 徐存福　杨　睿　鲁　超　韩金峰　杨俊琴　庄敏捷
　　　　　　　张则乐　赵　雁　刘懿孟　赵　勋

本卷编写组

主　编： 徐志虎　上海市城市管理行政执法局党组书记、局长
副主编： 彭燕玲　上海市城市管理行政执法局副局长
撰　稿： 秦双亭　郭军武　刘懿孟　宁学敏　徐程炜　侯　帅
　　　　　　王辰阳　胡洁菲　谭慧婷

丛书前言

上海是中国共产党的诞生地，是中国共产党的初心始发地。秉承这一荣光，在党中央的坚强领导下，依靠全市人民的不懈奋斗，今天的上海是中国最大的经济中心城市，是中国融入世界、世界观察中国的重要窗口，是物阜民丰、流光溢彩的东方明珠。

党的十八大以来，以习近平同志为核心的党中央对上海工作高度重视、寄予厚望，对上海的城市建设、城市发展、城市治理提出了一系列新要求。特别是2019年习近平总书记考察上海期间，提出了"人民城市人民建，人民城市为人民"的重要理念，深刻回答了城市建设发展依靠谁、为了谁的根本问题，深刻回答了建设什么样的城市、怎样建设城市的重大命题，为我们深入推进人民城市建设提供了根本遵循。

我们牢记习近平总书记的嘱托，更加自觉地把"人民城市人民建，人民城市为人民"重要理念贯彻落实到上海城市发展全过程和城市工作各方面，紧紧围绕为人民谋幸福、让生活更美好的鲜明主题，切实将人民城市建设的工作要求转化为紧紧依靠人民、不断造福人民、牢牢植根人民的务实行动。我们编制发布了关于深入贯彻落实"人民城市人民建，人民城市为人民"重要理念的实施意见和实施方案，与住房和城乡建设部签署了《共建超大城市精细化建设和治理中国典范合作框架协议》，全力推动人民城市建设。

我们牢牢把握人民城市的战略使命，加快推动高质量发展。国际经济、金融、贸易、航运中心基本建成，具有全球影响力的科技创新中心形成基本框架，以五个新城建设为发力点的城市空间格局正在形成。

我们牢牢把握人民城市的根本属性，加快创造高品质生活。"一江一河"生活秀带贯通开放，"老小旧远"等民生难题有效破解，大气和水等生态环境质量持续改善，在城市有机更新中城市文脉得到延续，城市精神和城市品格不断彰显。

我们牢牢把握人民城市的本质规律，加快实现高效能治理。政务服务"一网通办"和城市运行"一网统管"从无到有、构建运行，基层社会治理体系不断完善，垃圾分类引领低碳生活新时尚，像绣花一样的城市精细化管理水平不断提升。

我们希望，通过组织编写《新时代上海"人民城市"建设的探索与实践丛书》，总结上海人民城市建设的实践成果，提炼上海人民城市发展的经验启示，展示上海人民城市治理的丰富内涵，彰显中国城市的人民性、治理的有效性、制度的优越性。

站在新征程的起点上，上海正向建设具有世界影响力的社会主义现代化国际大都市和充分体现中国特色、时代特征、上海特点的"人民城市"的目标大踏步地迈进。展望未来，我们坚信"人人都有人生出彩机会、人人都能有序参与治理、人人都能享有品质生活、人人都能切实感受温度、人人都能拥有归属认同"的美好愿景，一定会成为上海这座城市的生动图景。

Series Preface

Shanghai is the birthplace of the Communist Party of China, and it nurtured the party's initial aspirations and intentions. Under the strong leadership of the Party Central Committee, and relying on the unremitting efforts of its residents, Shanghai has since blossomed into a city that is befitting of this honour. Today, it is the country's largest economic hub and an important window through which the rest of the world can observe China. It is a brilliant pearl of the Orient, as well as a place of abundance and wonder.

Since the 18th National Congress of the Communist Party of China, the Party Central Committee with General Secretary Xi Jinping at its helm has attached great importance to and placed high hopes on Shanghai's evolution, putting forward a series of new requirements for Shanghai's urban construction, development and governance. In particular, during his visit to Shanghai in 2019, General Secretary Xi Jinping put forward the important concept of "people's cities, which are built by the people, for the people". He gave profound responses to the questions of for whom cities are developed, upon whom their development depends, what kind of cities we seek to build and how we should approach their construction. In doing so, he provided a fundamental reference upon which we can base the construction of people's cities.

Keeping firmly in mind the mission given to us by General Secretary Xi Jinping, we have made more conscious efforts to implement the important concept of "people's cities" into all aspects of Shanghai's urban development. Adhering to a central theme of improving the people's happiness and livelihood, we have conscientiously sought ways to transform the requirements of people's city-building into concrete actions that closely rely on the people, that continue to benefit the people, and which provide the people with a deeply entrenched sense of belonging. We have compiled and released opinions and plans for the in-depth implementation of the important concept of "people's cities", as well as signing the *Model Cooperation Framework Agreement for the Refined Construction and Government of Mega-Cities in China* with the Ministry of Housing and Urban-Rural Development.

We have firmly grasped the strategic mission of the people's city in order to accelerate the promotion of high-quality urban development. We have essentially completed the construction of a global economy, finance, trade and shipping centre, as well as laying down the fundamental framework for a hub of technological innovation with global influence. Meanwhile, an urban spatial layout bolstered by the construction of five new towns is currently taking shape.

We have firmly grasped the fundamental attributes of the people's city in order to accelerate the creation of high standards of living for urban residents. The "One River and One Creek" lifestyle show belt has been connected and opened up, while problems relating to the people's livelihood (such as outdated, small, rundown or distant public spaces) have been effectively resolved. Aspects of the environment such as air and water quality have continued to improve. At the same time, the heritage of the city has been incorporated into its organic renewal, allowing its spirit and character to shine through.

We have firmly grasped the essential laws of the people's city in order to accelerate the realization of highly efficient governance. Two unified networks – one for applying for government services and the other for managing urban functions – have been built from sketch and put into operation. Meanwhile, grassroots social governance has been continuously improved, garbage classification has been updated to reflect the trend of low-carbon living, while micro-scale urban management has become increasingly precise, like embroidery.

Through the compilation of the *Exploration and Practices in the Construction of Shanghai as a "People's City" in the New Era series*, we hope to summarize the accomplishments of urban construction, derive valuable lessons in urban development, and showcase the rich connotations of urban governance in the people's city of Shanghai. In doing so, we also wish to reflect the popular spirit, effective governance and superior institutions of Chinese cities.

At the starting point of a new journey, Shanghai is already making great strides towards becoming a socialist international metropolis with global influence, as well as a "people's city" that fully embodies Chinese characteristics, the nature of the times, and its own unique heritage. As we look toward to the future, we firmly believe in our vision where "everyone has the opportunity to achieve their potential, everyone can participate in governance in an orderly manner, everyone can enjoy a high quality of life, everyone can truly feel the warmth of the city, and everyone can develop a sense of belonging". This is bound to become the reality of the city of Shanghai.

本卷前言

人民城市为人民的城市管理执法实践

党的十八大以来，习近平总书记连续五年（2013—2017年）参加全国两会上海代表团审议，先后六次（2014年、2017—2020年、2023年）亲临上海出席重大活动、考察指导工作，作出重要指示、交办重大任务，为做好上海城市工作指明了前进方向、提供了根本遵循。全市城管执法系统牢记践行习近平总书记殷殷嘱托，坚持把学习贯彻习近平总书记考察上海重要讲话精神作为全部工作的鲜明主题和贯穿始终的突出主线，以排头兵的姿态和先行者的担当，开创了城管执法事业创新转型发展新局面，奏响了新时代城管执法"崇法善治、忠诚为民、公正清廉、砥砺奋进"发展强音。

一是坚持问题导向，整体提升城市环境品质。聚焦违法搭建、乱设摊、违法户外广告等传统重点违法行为和损坏房屋承重结构、群租、建筑工地不文明施工等新划转执法事项，每年开展城市环境专项执法，显著提升城市街区环境、人居环境、生态环境和营商环境。2016年以来，全系统依法查处各类违法案件100.01万起，处置投诉件124.98万起。发布优化营商环境10条措施，印发两批轻微违法行为不予处罚清单，建成上海"摊"服务地图，为各类市场主体修复信用3033起，进一步提升市场主体满意度和城市生活烟火气。以一流城管执法服务助力一流城市环境建设，圆满完成前六届进博会执法保障。

二是坚持建章立制，建立完备的城管制度体系。根据《行政处罚法》《上海市城市管理综合行政执法条例》等百余部上位法，制定城管执法程序规定、调查取证规则、行政处罚裁量基准等30余项重要法制规范，为一线执法提供法治保障。印发专项执法、队伍建设、智慧城管等文件300余项，建立与城市治理现代化要求相适应的城管制度规范体系。在上海虹桥和江苏南京协调召开前两届长三角一体化城管执法协作机制会议，牵头沪、苏、浙、皖59个地级市（功能区）城管执法部门签订对口共建协议，推动制度标准"趋同化"、执法检查"协同化"、队伍建设"同一化"，为全国城管执法跨区域协作提供样板。

三是坚持统筹规范，推动队伍革命化、正规化、专业化、职业化。完成行政执法类公务员分类管理改革，推动执法力量下沉街镇，提请市委、市政府召开加强街道乡镇综合行政执法工作会议，指导督促街镇落实行政执法事项清单，加强街镇综合行政执法工作和队伍建设实施意见，完善城管人员绩效考核、职级晋升、转任交流制度。加大队伍教育培训力度，举办新进人员、在职人员、街镇领导干部培训班110余期。开展执法实效、办案规范、人员行为规范监督，强化监督结果在干部任用、职级晋升等方面的应用。加大基础建设力度，规范中队和示范中队创建率达到94.6%和37.9%，基层城管执法机构软硬件水平进一步提升。

四是坚持科技赋能，以数字化牵引城管创新转型发展。建成包含一个数据资源中心，法制管理、指挥监管、综合管理三大业务板块，市、区、街镇三级应用体系的智慧城管体系。建成22类执法对象数据库，在全系统推广非现场执法、分级分类管控新模式，办理非现场执法案件20483起，执法更加精准、精确、精细。推动智慧城管融入城市"两张网",成为全市首家接入"一网统管"平台、全市首家开通市级"雪亮工程"平台应用、全市首批开通"一网通办"罚款线上缴纳执法单位。拓展"随申码"应用场景,提高执法对象采集完整性、准确性;深化"随申办"应用场景,实现法律文书线上规范、便捷送达,显著便利了管理相对人,提升了执法效率。

五是坚持忠诚为民,持续提升市民群众获得感、满意度。打造城管进社区活动周、城管公众开放日、城管局长接热线三大为民服务品牌。自2016年开始持续推进城管进社区工作,建成6066家城管社区工作室,实现全市一居村、一工作室、一城管队员全覆盖目标;2023年创新开展城管进社区活动周,进一步丰富进社区形式。自2016年连续8年开展"7·15公众开放日"活动,开展普法宣传,受理市民投诉,收集意见建议。连续8年开展城管局长接热线活动,接听处置市民反映问题1200余件。自2017年开始诉件受理量连续5年持续下降,城管社会满意度测评得分连续12期达到良好等级(80分以上)。

六是坚持党建引领,开辟行业党建高质量发展新路径。设立城管执法系统行业党建工作领导小组及其办公室，印发《关于高质量推进本市城管执法系统行业党建工作的指导意见》，为提升城管执法精细化水平提供坚强的组织保证。发动全系统深入开展"两学一做"学习教育、"不忘初心、牢记使命"主题教育、党史学习教育、学习贯彻习近平新时代中国特色社会主义思想主题教育等党内集中学习教育。依托居住区环境治理、"一江一河"党建联盟等开展美好社区先锋、党建联盟先锋、城管先锋三个行动。实施青年英才百人计划，夯实城管执法事业高质量发展人才基础。

站在新起点、迎接新挑战，上海城管执法系统要坚持以习近平新时代中国特色社会主义思想为指导，深入贯彻党的二十大精神，学深悟透习近平总书记考察上海重要讲话和对上海城市工作重要指示精神，认真践行人民城市重要理念，努力当好全国城管执法改革开放排头兵、创新发展先行者，为奋力谱写中国式现代化上海新篇章贡献城管执法新的力量。

Preface

People's City for the People, the Urban Management and Law Enforcement Practice in Shanghai

Since the 18th National Congress of the Communist Party of China (CPC), General Secretary of the Central Committee of the Communist Party of China (CPC) Xi Jinping has actively participated in the deliberations with deputies from the delegation of Shanghai during the National People's Congress for five consecutive years (2013-2017). He has also attended significant events in Shanghai for six times (2014, 2017-2020, 2023), providing important instructions and making inspections. His guidance has set the direction and fundamental principles for the advancement of urban management work in Shanghai. The entire system of urban management and law enforcement in the city has firmly remembered and implemented General Secretary of the Communist party of China Xi Jinping's instructions, making the spirit of his important speeches a prominent theme and a continuous thread throughout all work. They have taken the lead and shown a pioneering spirit in innovating and transforming the urban management and law enforcement cause, creating a new situation in the development of urban management and law enforcement, and sounding the strong voice of "respecting the law, governing well, being loyal to the people, being just and incorruptible, and forging ahead" in the new era.

1. Adhering to the Problem-Oriented Approach to Improve Overall Urban Environmental Quality

We focus on conventional practices related to illegal construction, disorderly placement of stalls, and unlawful outdoor advertising, as well as newly designated enforcement matters such as damage to building load-bearing structures, group rentals, and uncivilized construction at construction sites.We have also conducted annual special law enforcement on urban environment, significantly improving the environment of city blocks, living environments, ecological environments, and business environments.

Since 2016, the entire system has legally dealt with more than one million cases of various illegal activities, handling about 1.25 million complaints. We issue 10 measures to optimize the business environment, issuing two batches of lists exempting minor violations from penalties, and creating a map of Shanghai stalls services to restore the credibility of various market entities 3033 times, further enhancing market satisfaction and the liveliness of city life. We assist in the successful completion of law enforcement security for the first six sessions of the China International Import Expo (CIIE).

2. Adhering to Establishing Regulations and Building a Comprehensive Urban Management System

According to more than a hundred superior laws, including the Administrative Penalty Law and Urban Management Law, we have formulated over 30 important legal norms, such as urban management law enforcement procedures, investigation and evidence collection rules, and administrative penalty discretion benchmarks, providing legal safeguards for frontline law enforcement. We have issued over 300 documents on special law enforcement, team building, smart urban management, and other matters, establishing a standardized system of urban management regulations that align with the requirements of modern urban governance. Coordinating efforts in Hongqiao district, Shanghai, and Nanjing, Jiangsu, we have convened the first two sessions of the Yangtze River Delta Integration Urban Management and Law Enforcement Cooperation Mechanism meetings, leading 59 prefecture-level cities (functional areas) in Shanghai, Jiangsu, Zhejiang, and Anhui to sign cooperation agreements with urban management and law enforcement departments, promoting the "convergence" of system standards, "coordination" of law enforcement inspections, and "uniformity" of team building. This serves as a model for nationwide cross-regional cooperation in urban management and law enforcement.

3. Adhering to Coordinated Standardization and Promoting the Revolutionization, Regularization, Professionalization, and Vocationalization of the Workforce

We have completed the reform of the classification management of administrative law enforcement civil servants, pushing law enforcement forces down to the streets and towns. We proposed the convening of meetings by Shanghai Municipal Party Committee and Shanghai Municipal Government to strengthen the work of comprehensive administrative law enforcement in streets and towns, which guided and urged streets and towns to implement the list of administrative law enforcement matters, strengthened opinions on the work of comprehensive administrative law enforcement in streets and towns, and provided guidance on team building. Additionally, we implemented performance assessments for urban management personnel, systems for rank promotion, and mechanisms for transfers and exchanges. We have intensified the educational and training efforts for the workforce, organizing training sessions for new recruits, existing personnel, and street and town leaders for more than 110 sessions. We have conducted supervision on law enforcement effectiveness, standardized case handling, and personnel behavior, reinforcing the application of supervision results in cadre appointments, rank promotions, and other aspects. Efforts have been increased in infrastructure construction, achieving a creation rate of 94.6% for standard and 37.9% for exemplary law enforcement teams, further enhancing both the hardware and software levels of grassroots urban management and law enforcement teams.

4. Adhering to Technological Empowerment, Applying Digitization to Guide Urban Management in Innovative Transformation and Development

We have established an intelligent urban management system, which includes one data resource center, three major business sectors containing legal management, command supervision, and comprehensive management, and a three-level application system for municipal districts, streets, and towns. We have built databases for 22 types of law enforcement objects, promoting a new model of non-site law enforcement and implementing a system-wide approach to hierarchical and categorized control. We have handled 20483 non-site cases, rendering law enforcement more precise and accurate. We have driven the integration of intelligent urban management into the city's "two networks," becoming the first in the city to connect to the "One Network Management" platform, the first to launch the municipal "Bright Project" platform application, and one of the first to launch the "One Network, One Action" online payment platform for fines. We have expanded the application scenarios of the "Suishen Code (Shanghai QR Code)," aiming to improve the completeness and accuracy of law enforcement targets. With the deepening the application scenarios of "Suishen Ban (Shanghai Public Services Online)," we have achieved standardized and convenient online delivery of legal documents, significantly facilitating the management of relevant individuals and enhancing law enforcement efficiency.

5. Adhering to Loyalty to the People and Continuously Enhancing the Satisfaction of the People

We have established three major public service brands: the Urban Management into the Community Week, Urban Management Public Open Day, and the Urban Management Director Hotline. Since 2016, we have consistently advanced the Urban Management into the Community initiative, have built 6066 urban management community studios and achieved the goal of "full coverage with one studio, one team member, and one residence in each village in the city". Innovatively launched Urban Management into the Community Week in 2023, we further diversified community engagement activities. Since 2016, we have conducted the Urban Management Public Open Day on July 15 for eight years, engaging in legal education, addressing citizen complaints, and collecting opinions and suggestions. The Urban Management Director Hotline activity has been ongoing for 8 years, handling more than 1200 issues raised by citizens. Since 2017, the number of complaints received has continuously decreased for five consecutive years, and the social satisfaction score of urban management has reached a good level (above 80 points) for 12 consecutive periods.

6. Adhering to Party Building Leadership and Forging a New Path for the High-Quality Development of Industry Party Building

We have established a leadership group and office for the Party building work in the urban management and law enforcement system, issued the "Guiding Opinions on Promoting the High-Quality Development of the City's Urban Management and Law Enforcement System's Industry Party Building Work," providing a strong organizational guarantee for elevating the refinement level of urban management and law enforcement. We have mobilized the entire system to extensively carry out Party-centric learning and education, thematic education on "Two Studies, One Action," Party history studies, together with learning and implementing the Xi Jinping Thought on Socialism with Chinese Characteristics for a New Era. Based on initiatives such as residential area environmental governance and the "Huangpu River and Suzhou Creek" Party building alliance, we have launched three actions: Beautiful Community Pioneers, Party Building Alliance Pioneers, and Urban Management Pioneers. We have implemented the Hundred Youth Talent Plan to strengthen the foundation for the high-quality development of urban management and law enforcement.

Standing at a new starting point and facing new challenges, the Shanghai urban management and law enforcement system adheres to the guidance of Xi Jinping's Thought on Socialism with Chinese Characteristics for a New Era, thoroughly implements the spirit of the 20th CPC National Congress of China, deeply understands, and comprehends the important speeches of Chinese President Xi Jinping's inspection of Shanghai and his important instructions on Shanghai's urban work. We earnestly practice the important concepts of the People's City, strive to be the vanguard of national urban management and law enforcement reform and opening up, and be an innovative development pioneer. The whole system should contribute new strength to vigorously compose a new chapter of Chinese-style modernization in Shanghai.

目录

上篇	理念之变　绣出品质	001
第一章	绣花功夫擦亮精细化治理名片	003
第一节	全过程治理："红黄绿"治理街面	006
第二节	全天候：筑牢抵御风雨防护墙	010
第三节	全覆盖：苏州河画出风景线	014
第二章	基层治理驶上"法治道"	019
第一节	城管领域的上海立法前沿探索	022
第二节	引领区浦东的立法先行先试	026
第三节	外摆不乱摆提升街区"颜值"	030
第四节	城管法治与优化营商环境	033
第三章	数字治理探索更显城市智慧	037
第一节	城管执法的数字化蝶变	040
第二节	数据多跑路让执法更高效	046
第三节	数智治理化解疑难杂症	050
第四节	上得天空、入得后厨，"00后"体验数字城管	054
第四章	不断寻找营商环境更优解	059
第一节	政策红利释放干货满满	062
第二节	轻微免罚的"加减法"	067
第三节	"首违不罚"走向长三角	072
第四节	"信用修复"解决企业经营痛点	077
第五章	人性化举措打造有温度的城市窗口	081
第一节	打开这张上海"摊"地图	084

第二节	一年一会——走进城管的公众开放日	089
第三节	普法走进生活,城管在您身边	094
第四节	共享单车的高效治理经	099

中篇　关键小事　城之大者　　　　　　　　　　　　　105

第六章	垃圾分类就是新时尚	107
第一节	上好垃圾分类的"科普课"	110
第二节	综合施策让垃圾分类"无死角"	114
第三节	垃圾分类需要精耕细作	119
第七章	拆违控违必要久久为功	123
第一节	"五违四必"推动拆违突破	126
第二节	拆违工作先要拆除"心墙"	130
第三节	"注记制"不等于免"拆"金牌	135
第八章	守护大都市里的美丽家园	141
第一节	毁绿占绿不可取、不该为	144
第二节	电动自行车禁止上楼的疏堵之道	150
第三节	对违规装修行为说"不"	153
第九章	为工程建设划好天花板与地平线	159
第一节	拒绝夜间施工,依法还"静"于民	162
第二节	管好扬尘,净化工地环境	165
第三节	治好渣土,建筑垃圾勿乱倒	169
第四节	安全为先时时牢记在心中	174

第十章	重大项目保障"来之能战"	179
第一节	越战越勇保障进博会	182
第二节	"城管侠"用心用情保障花博会	187
第三节	节假日、高考日,重点时段总有城管身影	193
第四节	重点区域特色队伍展风采	196

下篇　机制建设　守正创新　　201

第十一章	队伍下沉促社区综合治理	203
第一节	城管队伍下沉,提升治理新动能	206
第二节	打通为民服务"最后一公里"	210
第三节	从"单一整治"向"综合治理"转变	214
第十二章	练好内功打造城管执法新形象	219
第一节	对内练好真功夫,构建全生命周期教育培训体系	222
第二节	强化指导服务,夯实基层基础设施	227
第三节	提升创建标准,不断完善规则体系	230
第四节	提升对外交流意识,创建城管执法宣传品牌	232
第十三章	大综合改革浦东样本	237
第一节	城管执法的"范围边界"更为广泛	240
第二节	城管执法的"管执分离"更为彻底	243

| 第三节 城管执法的"专综合一"更为合理 | 246 |
| 第四节 城管执法的"双重管理"更为协调 | 251 |

第十四章 执法"一盘棋"深化长三角协同治理 255
第一节 以龙头带动之姿,推动长三角城管执法协作机制建立完善 258
第二节 以扎实攻坚之势,促进跨区域城管执法协作持续深化 263
第三节 以党的领导为纲,带动长三角高质量发展之路奋勇向前 268

结　语 273

Contents

Part One   Changing the Concept to Create High-Quality 001

    Chapter 1   Refined Skills Illuminate the Refined Governance   003
    Section 1   Full-process Governance: "Red, Yellow, and Green" Governance
                Manages the Streets   006
    Section 2   All-Weather: Building a Solid Defense Wall against Wind and Rain   010
    Section 3   All Coverage: Suzhou Creek Paints the Scenic Line   014

    Chapter 2   Grassroots Governance Embarks on the "Rule of Law" Path   019
    Section 1   Exploration of Shanghai Legislation Frontier in Urban
                Management   022
    Section 2   Pioneering Legislative Initiatives in the Leading Pudong New Area   026
    Section 3   Enhancing Block "Appearance" with Unwavering Stance   030
    Section 4   Rule of Law in Urban Management and Business Environment
                Optimization   033

    Chapter 3   Exploring Intelligent Cities through Digital Governance   037
    Section 1   Digital Transformation of Urban Management Law Enforcement   040
    Section 2   Enhanced Efficiency of Law Enforcement with Data Circulation   046
    Section 3   Intelligent Governance Solves Complex Issues   050
    Section 4   Experiencing Digital Urban Management with the Post-2000
                Generation Perspective   054

    Chapter 4   Continuously Seeking a More Favorable Business Environment   059
    Section 1   Policy Dividends Release Abundant Practical Measures   062
    Section 2   "Addition and Subtraction" for Minor Offenses   067
    Section 3   "No Penalty for First Violation" Extends to the Yangtze River Delta   072

Section 4	"Credit Repair" Addresses Pain Points in Enterprise Operation	077
Chapter 5	Human-Centric Measures Create a Warm City Portal	081
Section 1	Open the Shanghai "Stand" Map	084
Section 2	Once a Year-Public Open Day with Shanghai Urban Management Department	089
Section 3	Legal Education in Daily Life-Urban Management around You	094
Section 4	Efficient Governance of Shared Bikes	099

Part Two	Key Matters in the City's Grand Scheme	105
Chapter 6	Waste Sorting as the New Trend	107
Section 1	Introduction 101 on Proper Waste Classification	110
Section 2	Comprehensive Measures for No Gaps in Waste Classification	114
Section 3	Precision and Persistence in Waste Classification	119
Chapter 7	Resolving Illegal Constructions Requires Persistent Efforts	123
Section 1	"Five Illegal Acts and Four Necessities" Drive Breakthroughs in Resolving	126
Section 2	Resolving Illegal Constructions Requires Breaking the "Mental Wall"	130
Section 3	"Annotation System" Doesn't Mean Exemption	135
Chapter 8	Safeguarding the Beautiful Homes in the Metropolis	141
Section 1	Avoiding Destruction and Occupation of Green Spaces	144
Section 2	Solutions for Prohibiting Electric Bikes from Going Upstairs	150
Section 3	Saying "No" to Violations in Decoration Practices	153

Chapter 9	Setting the Clear Boundaries for Construction Projects	159
Section 1	Rejecting Night Construction, Lawfully Maintaining "Silence" for the Public	162
Section 2	Dust Control, Purifying Construction Site Environment	165
Section 3	Proper Disposal of Construction Waste, No Littering	169
Section 4	Safety First Always Remembered	174
Chapter 10	"Ready for Fight" for Major Projects	179
Section 1	Safeguarding for the Import Expo	182
Section 2	"Urban Management Heroes" Ensure the Flower Expo	187
Section 3	Urban Management Figures in Key Periods, Including Holidays and Gaokao Days	193
Section 4	Showcasing Distinctive Teams in Key Areas	196

Part Three Mechanism Construction and Adherence to Innovation — 201

Chapter 11	Deploying Teams to Enhance Comprehensive Community Governance Ability	203
Section 1	Urban Management Teams Deployed to Enhance New Governance	206
Section 2	Bridging the "Last Mile" for Public Services	210
Section 3	Transitioning from "Single Rectification" to "Comprehensive Governance"	214
Chapter 12	Strengthening Foundations to Shape the Image for Urban Management and Law Enforcement Team	219
Section 1	Mastering Real Skills Internally, Constructing a Full-Lifecycle Education and Training System	222

Section 2	Strengthening Guidance Services, Consolidating Grassroots Infrastructure	227
Section 3	Enhancing Standards, Continuously Improving Rule Systems	230
Section 4	Increasing Awareness of External Communication, Building Urban Management Law Enforcement Brand	232

Chapter 13	Pudong's Comprehensive Reform as a Model	237
Section 1	Wider Scope for Urban Management Law Enforcement	240
Section 2	More Thorough Separation of Urban Management and Law Enforcement	243
Section 3	More Rational Integration of Specialized and Comprehensive Functions	246
Section 4	More Coordinated Dual Management in Urban Management Law Enforcement	251

Chapter 14	Advancing Integrated Development in the Yangtze River Delta through Coordinated Law Enforcement	255
Section 1	Lead the Establishment and Improvement of the Yangtze River Delta Urban Management Law Enforcement Cooperation Mechanism with a Leading Role	258
Section 2	Promote Continuous Deepening of Cross-Regional Urban Management Law Enforcement Cooperation with a Solid Approach	263
Section 3	Uphold the Party's Leadership, Brave the Road of High-Quality Development in the Yangtze River Delta	268

Conclusion	273

上篇
Part One
理念之变　绣出品质
Changing the Concept to Create High-Quality

第一章
Chapter 1

绣花功夫擦亮精细化治理名片
Refined Skills Illuminate the Refined Governance

城市治理是国家治理体系和治理能力现代化的重要内容。践行人民城市重要理念，精细化是根本方向之一。"城市管理应该像绣花一样精细""通过绣花般的细心、耐心、巧心提高精细化水平"，习近平总书记的"绣花"妙喻，彰显致广大而尽精微的发展辩证法，蕴含统筹兼顾、系统施策的科学方法论，更为特大城市管理和执法指明了方向。

精细化是对特大城市管理和执法的必然要求，是提升城市执法效能和为民服务水平，创造整洁、有序、安全的城市环境的重要路径。上海市城管执法部门不断深化思想认识，践行人民城市理念，充分把握人民城市的根本属性，立足建设具有全球影响力的社会主义国际化大都市的发展目标，进一步深化落实全过程、全天候、全覆盖，和法治化、社会化、智能化、标准化的"三全四化"要求，把精细化的理念和手段贯彻落实到城市管理综合执法工作的每一个环节之中。2018年以来，上海市城管系统上下协同，围绕中心、紧扣主题，共制定并实施了两轮全市城管执法精细化行动计划，实现上海城管执法系统全方位、全领域的深刻变革，"绣"出了上海城管执法的品质品牌。

精细化治理最直接的效果在基层一线，老百姓最深刻的感受也在基层一线，上海城管用绣花功夫擦亮一张张精细化治理的金名片："红黄绿"三色治理好做法，一江一河的"工业锈带"变"生活秀带"，在台风等恶劣天气下建起防御墙、织成安全网，关心民生、顺应民意的举措在申城润物细无声，"城管蓝"也成为一道可靠、可信、可亲、可爱的城市风景线。

Urban governance is a crucial component of the modernization of the national governance system and governance capabilities. The fundamental direction is exquisite and precision, as emphasized by the important concept of "city management should be as exquisite as embroidery." general secretary of the Communist Party of China (CPC) Central Committee Xi Jinping's metaphor of "embroidery," highlighting the dialectical approach of developing broadly while paying attention to details, embodies a scientific methodology of overall consideration, systematic strategies, and points the way for the management and law enforcement of mega-cities.

Precision is an inevitable requirement for the management and law enforcement of mega-cities. It is also a significant path to enhance law enforcement efficiency, improve service levels for the people, and create a clean, orderly, and safe urban environment. Shanghai urban management and law enforcement departments continuously deepen their understanding, implement the concept of people's cities, fully grasp the fundamental attributes of the people's cities, and base their development goals on constructing a globally influential socialist international metropolis. They further implement the "Three Comprehensive and Four Modernizations" requirements of full process, all-weather, all-coverage, and legalized, socialized, intelligent, and standardized approaches. The concept and means of precision are integrated into every aspect of comprehensive urban management and law enforcement work.

Since 2018, Shanghai urban management system has coordinated efforts, focused on the central theme, and formulated and implemented two rounds of citywide precision urban management and law enforcement action plans. This has achieved a profound transformation in all aspects and fields of Shanghai's urban management and law enforcement system, embroidering the quality brand of Shanghai's urban management and law enforcement.

The most direct effect of precision governance is seen at the grassroots level, and the most profound experience for the ordinary people is also at the grassroots level. The Shanghai's urban management uses the skillful touch to polish each refined governance gold business card: effective practices in "red, yellow, and green" governance, transforming the "industrial rust belt" along the Huangpu River and Suzhou Creek into a "living show belt," building defense walls and weaving safety nets during adverse weather conditions like typhoons, and initiatives that care for people's livelihoods and respond to public opinion silently moisten the city. The blue of urban management team has become a reliable, trustworthy, amiable, and lovely urban landscape.

第一节
Section 1

全过程治理："红黄绿"治理街面
Full-process Governance: "Red, Yellow, and Green" Governance Manages the Streets

城管执法工作要聚焦高质量发展，推进全过程建设。要建设分工科学、配置合理、职责明确、功能互补、联动有效的市、区、街镇三级城管执法精细化管理体制，努力构建强基固本、专常并举的执法新格局。

"红黄绿"分级监管就是全过程治理的新探索：用"红黄绿"三种颜色分级评定沿街商户情况，在城市数据后台进行标注，城管执法队员对应实施不同的检查频次。上海市城管执法部门综合店铺业态、依法经营情况等，对沿街商户进行等级初始设定，显示为"红色"的商户城管执法队员每两日至少检查1次，"黄色"商户每周至少检查1次，"绿色"商户每月至少检查1次。此外，城管执法部门会结合日常检查、执法办案以及市民投诉、媒体曝光、实效督察等情况，对沿街商户等级情况进行动态调整。

这项工作缘起于跨部门、跨领域的数字信息打通。上海市城市管理行政执法局（简称上海市城管执法局）通过共享上海市大数据中心，各部、委、办、局，城管执法办案、勤务、诉件等系统数据，在2020年底建成包含沿街经营单位经营信息、餐厨垃圾和废弃油脂产生运输处置单位、建筑工地和中转码头、生活垃圾管理责任人、餐饮企业、房地产经纪机构及人员、优秀历史保护建筑、沿街广告和店招店牌、房地产开发企业、商品房销售企业、房屋租赁企业、房地产测绘估价机构、出租车营运和道路停车场等多个子库的城管执法监管对象数据库。这个综合数据库为分级分类执法监管新模式提供了有力支撑，并运用数据过滤、修正、封装等技术，开展执法对象数据标准化治理。

2020年，浦东城管开发了"防疫通"小程序，采集了全区4.6万余户沿街商户的员工健康、防疫举措等信息，并用"红黄绿"三色区别了管控风险程度。"红黄绿"代表商户的违规可能性，根据经营业态、违规频次，对商户进行动态监管，运用在常态化执法工作中。

例如，小水果店跨门营业的可能性较大，就标记红色，代表高风险。小餐饮店、小五金店标记黄色，代表中风险。其余的业态商户标记绿色，代表低风险。完成初始归类标记后，城管执法队员根据不同颜色、等级，设定检查频率等标准，从而实现分级分类管理。

浦东城管执法队员在街头用智能化装备巡查

城管执法队员来到浦东新区街面进行日常巡查。在一家农产品商店前，队员发现了占道经营的情况。城管执法队员李皓杰说："这是一家在后台被标记为'红色'的店铺，我们加大执法频次，在现场通过手机 App 端，快速拍照取证，上传系统后台。"

在嘉定工业区，分级分类管控系统根据沿街经营单位不同情况划分"红黄绿"三色风险等级，根据不同等级确定不同的检查周期。执法人员依照系统自动生成的检查任务开展执法检查，并在下一个检查周期前完成风险等级的动态调整。通过分级分类管控的逐步推进，让街面商户完成从"对小违法习以为常"到"对文明保持敬畏"的心理转变，最终达到辖区内沿街经营对象从红色转为绿色的状态。

福海路上，嘉定工业区城管中队的队员对责任片区的沿街经营单位进行分级检查。城管执法队员进入一家在系统中标注为黄色的零售类商铺，对垃圾分类、跨门经营等执法事项进行逐一检查。"原来这家商铺有跨门经营、乱丢包装纸等多个问题，被标注为红色。"队员高建瓴说，标红色的商铺每月需要检查 15 次，一段时间后，商铺经营规范情况有了明显改善，所以该店铺在系统内由红色变成了黄色。

沿街经营单位的初始颜色根据经营业态、依法经营情况、投诉情况三方面进行统筹划分。一个季度内发现的违法违规次数及被投诉次数也作为划分风险等级的重要依据。执法人员在检查中根据有无问题及问题的整改情况，对风险等级作动态调整。

嘉定当地一家餐饮企业随意丢弃小包垃圾，城管执法队员在巡逻时发现这一问题后对其进行处罚，经查看系统发现这已经不是本季度该店

嘉定城管执法队员整治跨门经营问题

铺第一次出现此类情况,城管执法队员随即对其进行颜色升级。接下来,城管执法队员将根据颜色风险等级提高对该商户的检查频率。之前,对于某个街区某个商铺的经营情况,只有片区的执法人员最清楚,检查频次也全依赖于该执法人员的执法经验,如今实行三级分类管控后,通过手机端、电脑端,辖区内沿街经营对象的相关情况一目了然。"我们现场执法方向更明确了,检查也更有目的性了。"队员姚杰说道。

除了执法人员主动执法发现问题外,通过日常检查、执法办案以及市民投诉、实效督查等方式被动发现沿街商户环境问题,经核查属实的,城管中队依法作出处罚后,也会对该经营单位进行风险等级调整。

上海城管通过对城市管理中的违法违规行为精准研判、及时发现、高效处置、长效管控,推动对沿街商户管理服务和执法管控方式的创新转变,为全过程城市治理积累了经验。

第二节
Section 2

全天候：筑牢抵御风雨防护墙
All-Weather: Building a Solid Defense Wall against Wind and Rain

城管执法工作要聚焦高品质生活，推进全天候建设。注重因地制宜，鼓励基层创新，建设全域感知、全程监控、全时响应的城市管理执法平台，有效发挥联勤联动、数据共享的作用，实现常态长效治理与特殊应急响应相结合的管理和服务供给，构建科技赋能、协同有序的执法新格局。

位于我国东南沿海地区的上海，夏秋时节经常经受台风、暴雨的考验。为切实做好台风、暴雨等极端恶劣天气的防御应对工作，上海市城管执法局坚持早谋划、早准备、早行动，指导各区、各街镇综合行政执法队全面排查整治风险隐患，严阵以待做好台风防御工作，全力守护市民群众生命财产安全，筑起防汛防台防御墙。

金山区张堰镇综合行政执法队及时深入街面、工地开展安全隐患排查工作，消除安全隐患，切实做好防高坠防汛安全管理工作。一方面，对辖区各类门头店招、广告标牌全面实施排查和整治，及时发现损坏、零部件松动等现象，督促商铺负责人立即按照要求进行整改。另一方面，结合"监管对象"App，梳理辖区内在建工地，逐一上门进行实地检查，根据实际情况要求工地负责人加固围挡等施工设施，同时督促施工方要及时了解台风最新动态，保障工人安全和财产安全。紧盯气象动态，严格按照"首报、续报、终报"的要求，立即报告并启动应急预案，及时采取切实有效的防范措施妥善应对，确保一旦发生险情能够迅速启动响应、科学有效处置，全面提升灾情信息报送的准确性、及时性。

漕泾镇综合行政执法队开展隐患排查，执法人员根据镇区店招店牌较多且存在部分老化的特点，重点加强了户外广告排查，以规避安全隐患。对沿街商户门店招牌安全隐患进行"拉网式"大排查，发现存在松动、易脱落等安全隐患的，责令责任人立即采取加固或拆除措施。

石化街道综合行政执法队队员与居委会一起开展安全隐患排查工作。一路挨家挨户开展排查，拆除破损的雨棚、店招广告，与居民一起收拢遮阳伞，搬离阳台的花盆，加固屋顶瓦片，消除安全隐患。

在松江，新浜镇综合行政执法队高度重视，根据应急预案提早做好防台防汛各项准备。巡查队员分区块对辖区内主要道路沿线楼顶、墙体、

松江城管执法队员在台风天巡查街面

广告牌、店面招牌、沿街吊挂物的设置情况进行重点检查。针对检查中发现的问题，及时要求各业主迅速采取有效的整改措施，对因为支架老化锈蚀和安装不规范、不稳固造成的广告牌主体松动、半脱落现象，要求业主及时加固翻新，对设置简陋存在明显安全隐患的广告、遮阳雨棚、横幅，迅速组织人员拆除，督促相关责任人加强设施检修和维护，防范安全事故发生。队员说："台风期间我们严阵以待，全力配合做好防台抢险各项工作，哪里需要我们，我们就往哪里去！"

在普陀，城管执法队员发现绿化带里有拾荒者露宿迹象——这里搭建了一处不足两平方米的空间，不仅围挡内侧床铺、炊具等日居用品一应俱全，外侧还囤有不少木板、编织袋、饮料瓶等废品。防台、防灾、防火隐患重重。队员找到露宿在此的拾荒者，了解情况得知，他从外地来沪后靠拾荒为生，日常流浪于街头或高架下。虽然知道台风将至，但在上海没有亲友可投靠，又舍不得积攒的大量废品，故在此处"筑巢"。掌握情况后，队员第一时间帮助拾荒者联系了属地救助站。来到防台临时安置点。拾荒者感激道：今晚能睡个安稳觉了。

在闵行，城管执法队员积极开展安全检查，确保在台风到来前消除一批安全隐患。闵行城管江川中队执法队员对辖区宾川路上一处商业用房顶楼的侵占公共空间违法行为开展清理工作。经查，该违法搭建人长期霸占小区外侧商业用房顶楼公用部位，在顶楼放置自家各类绿植。台风来袭前，队员现场开展清理行动，消除这片居民头顶的安全隐患。该住宅业主刘某曾多次违法搭建，城管执法队员曾两次对该住宅开展过拆违。此次，队员再度在拆违前向刘某送达了法律文书。第三次收到拆违文书，刘某放弃了侥幸心理，向城管队员表示一定会遵守相关规定装修房屋，消除安全隐患。

每当台风强势来袭，"城管蓝"逆风而行。送走梅雨季，"鏖战"火热的三伏天，再与台风天气"较量"。上海城管做好防台防汛工作，严格落实防台防汛责任，深入开展隐患排查治理，不断提高科学处置能力，为保护好国家和人民生命财产安全贡献一份力量。

金山城管执法队员在台风天巡查街面

第三节
Section 3

全覆盖：苏州河画出风景线
All Coverage: Suzhou Creek Paints the Scenic Line

城管执法工作要聚焦高效能治理,推进全覆盖建设。聚焦基层、依托社区,提高公众参与度,充分实现共享共治,有效推动城市管理执法向前端延伸、向综合转化、向预警转变,构建平战结合、共治共享的执法新格局。

奔腾不息的苏州河见证了上海成长发展的历史进程,也代表了这座城市的建设发展水平。为进一步提升苏州河沿岸滨水空间的环境品质和人文活力,打造超大型城市宜居生活的示范区,上海市委、市政府提出推进苏州河两岸公共空间贯通的要求。苏州河两岸公共空间贯通,离不开城管部门用精细的工笔画出的美丽风景线。

在2023年新春佳节来临之际,冬日暖阳和煦,苏州河碧波荡漾。上海市城管执法总队"沪城管执法0102"船迎来了换装后的首航,重点对苏州河凯旋路桥至威宁路桥水域内停靠船舶设置相适应的收集容器、分类投放生活垃圾等问题,以及滨水公共空间内影响公共秩序、公共安全、市容环境的7项限制性和7项禁止性违法违规行为开展执法检查。

苏州河流经区域多、岸线长,城管执法工作涉及方方面面。上海城管执法部门多措并举,协调多个部门,共同完成了社会治理的全覆盖。上海城管与交通、水务、环保等执法部门的联合执法,与绿化市容的景观广告、水域管理部门的管执联动。

上海市城管执法总队在苏州河上的巡查船只

上海市城管执法总队联合上海市交通、水务、生态环境执法总队每月开展四部门联合执法,对机动车清洗站、"一江一河"滨水空间、防汛保安、堤岸码头、港口污染防治等方面开展执法检查;与上海市水利管理处建立"一江一河"管执联动合作机制,结合《上海市黄浦江苏州河滨水公共空间条例》实施、上海市赛艇公开赛和大型展会市容环境保障等重点任务、重要节点、重大活动,对涉事

上海市城管执法总队在苏州河联合执法

水域开展管执联动,实现管理与执法互联互通,有效形成工作合力。

苏州河沿泾阳路段因为风景优美,被不少市民亲切称为"小外滩"。一些商贩瞄准了"小外滩"的热度,在步道上随意兜售物品;一些房产中介也瞄准了散步的人群,随意散发广告,这给市民们造成很大的困扰。这一段苏州河位于普陀区长征镇域内,当地综合执法中队按照因地制宜的原则,落实关于"一江一河"沿线环境治理的总体要求。普陀区长征镇综合执法队紧盯沿河两侧市容环境问题,主动担当、精准发力,集中力量组织开展好沿河环境整治行动。

三伏天里,城管执法队员冒酷暑、战高温,多次对苏州河沿泾阳路段巡查治理。队伍制定了初步的宣传和治理方案。抓住"当季"特色,调整勤务模式,加强中班力量,做到巡查"全覆盖"。通过全面摸排基本情况、加强源头管理、加大执法巡查力度、依法依规实施处罚、建立健全管理机制五个方面持续展开,使苏州河的"小外滩"又恢复了整洁有序的风景。

普陀城管执法队员在苏州河上向居民普法宣传

整治只是起点，落实长效才是关键。为杜绝"返潮"现象，城管执法队员不断提升常态长效管理水平，一方面加强巡查督查，充分利用智慧城管系统，强化问题协调督办，不断提升及时发现、派遣、处置、解决问题的能力，努力实现常态长效管理；另一方面努力营造良好氛围，发挥城管部门身处一线优势，广泛深入宣传水环境治理的重要性，努力提高广大市民对水环境的保护意识，营造共同参与、共同保护的良好氛围。

打造"半马苏河"——老百姓家门口的生活秀带，是普陀区"十四五"期间的工作重点。在上海城管"7·15公众开放日"，普陀城管围绕"半马苏河"推广全天候治理工作。发挥苏州河普陀段滨水空间优势，聚焦《上海市黄浦江苏州河滨水公共空间条例》开展法治宣传，邀请市民群众知法学法、承诺守法。

"普法展示有看头，城管这几艘船老有嚼头！"来自苏州河周边的商户、居民代表，在城管队员的邀请下登上水上巴士，聆听普法微讲座，参与水上执法观摩调研，沉浸式感受到了苏河水、岸双重活力，并沿着滨水空间的蜿蜒绿道，探寻"半马苏河"的建设历程，层层品味滨水公共空间条例的法治魅力。

畅通民声，众智成"城"。结合"政府开放日"要求，普陀城管围绕社会公众广泛关注的领域，加大"人民建议征集"网络渠道铺陈力度，邀请市民群众通过指尖上的平台，反馈眼门前的需求，商量家门口的建设，从而有序参与城区治理，共建共享苏河绣带。

第二章
Chapter 2

基层治理驶上『法治道』
Grassroots Governance Embarks on the "Rule of Law" Path

"科学立法、严格执法、公正司法、全民守法",基层治理在法治的轨道上进行。习近平法治思想开辟了中国特色社会主义法治理论和实践新境界,是新时代全面依法治国必须长期坚持的指导思想。党的二十大报告提出"全面依法治国是国家治理的一场深刻革命",发出了"全面推进国家各方面工作法治化"的前进号令,这既是未来五年实现"中国特色社会主义法治体系更加完善"目标任务的应有之义,也是"坚持全面依法治国,推进法治中国建设"工作部署的预期成效和检验标准。在习近平法治思想的指导下,上海市城管执法系统始终坚持法治属性,推进城管执法法治化建设。

习近平总书记指出,行政执法工作面广量大,一头连着政府,一头连着群众,直接关系到群众对党和政府的信任、对法治的信心。完善的执法制度,是严格规范公正文明执法的前提。上海市城管执法系统着重把握习近平法治思想的核心内容,深刻把握全面推进依法治国总目标,坚持立法引领,强化规范体系建设,紧紧围绕"执法为民",以法治思维着力解决人民群众遇到的难点问题,最大限度地维护人民群众的合法利益。

基层治理是国家治理的基石。一些看起来是鸡毛蒜皮的小事情,其实蕴藏着人民城市建设的大学问。城管执法人员在基层治理中扮演着重要的角色,他们不仅是市容市貌、城市秩序的守护者,也是公平正义的引领者,只有让基层治理驶上"法治道",才能形成"人人为我、我为人人"的基层发展良性循环。解码基层治理,人是核心,法治是应有之义,也是需要执法者久久为功、不断修炼的重要功课。

"Sound lawmaking, strict law enforcement, impartial administration of justice, and the observance of law by everyone" guide grassroots governance onto the track of the rule of law. Xi JinpingThought on the Rule of Law has opened up new horizons for the theory and practice of socialist rule of law with Chinese characteristics, providing a long-term guiding ideology for the overall law-based governance in the new era. The report to the 20th National Congress of the Communist Party of China proposed that "Advancing law-based governance in all fields is a profound revolution in China's governance," issuing a call to "all work of the state is carried out under the rule of law." This is not only a necessary task to achieve the goal of "further improving a Chinese system of socialist rule of law" in the next five years but also an expected result and standard for the deployment of "exercising law-based governance on all fronts and advancing the rule of law in China." Under the guidance of Xi Jinping Thought on the Rule of Law, Shanghai's urban management and law enforcement system consistently upholds the rule of law and promotes the legal construction of urban management and law enforcement.

General Secretary Xi Jinping pointed out that administrative law enforcement work is extensive and involves large quantities, directly related to both the government and the masses, influencing the public's trust in the Party and government, together with their confidence in the rule of law. A sound legal system is a prerequisite for strict, standardized, fair, and civilized law enforcement. The Shanghai urban management and law enforcement system focuses on the core content of Xi Jinping Thought on the Rule of Law, deeply understanding the overall goal of comprehensively advancing the rule of law in the country, adhering to legislative guidance, strengthening the construction of the normative system, closely centering around "law enforcement for the people." They use legal thinking to address the difficult issues encountered by the people, maximizing the protection of the legitimate interests of the people.

Grassroots governance is the cornerstone of national governance. Some seemingly trivial matters actually hold the key to the construction of the people's city. Urban management and law enforcement personnel play a crucial role in grassroots governance. More than just being only the guardians of the urban appearance and order, they are also the leaders of fairness and justice. Only by steering grassroots governance onto the "rule of law" path can a virtuous cycle of grassroots development be formed, where everyone contributes to the collective well-being. Decoding grassroots governance, one should understand that people are the core, the rule of law is a necessity, as well as an important task for law enforcement personnel to persistently work and continuously improve.

第一节
Section 1

城管领域的上海立法前沿探索
Exploration of Shanghai Legislation Frontier in Urban Management

作为省级行政区的城管执法部门,上海市城管执法局长期以来在立法领域率先探索、勇于实践,在地方性法规和规章制度的建立上形成了鲜明的特色和经验。《上海市城市管理综合行政执法条例》《上海市城市管理综合行政执法条例实施办法》从全市层面,为城管执法工作提供了法治的"基础轨道"。

2021年7月29日,上海市第十五届人民代表大会常务委员会第三十三次会议通过了《上海市城市管理综合行政执法条例》(以下简称《条例》)的修订,经修改的《条例》自2021年8月1日起施行。《条例》此次修改是落实街镇执法体制改革的重要举措,是实施新《行政处罚法》的客观要求,为推动上海城市管理综合行政执法工作高质量发展提供了法治保障。

明确街镇执法主体地位,街镇所属综合行政执法机构具体承担执法工作。《条例》修改前,街道城管执法中队由区城管执法局派驻,以区城管执法局名义执法;乡镇城管执法中队为乡镇人民政府所属机构,以乡镇政府名义执法。为落实街镇执法体制改革要求,修改后的《条例》规

城管执法队员在小区里巡查

定"街道办事处、乡镇人民政府负责本辖区内城市管理综合行政执法工作，其所属综合行政执法机构以街道办事处、乡镇人民政府名义，具体承担本辖区内的城市管理综合行政执法工作，并接受区城管执法部门的业务指导和监督"。

健全执法规范和执法标准，实施行政执法三项制度，统一执法程序、裁量基准和法律文书。为进一步推动行政执法三项制度在上海城市管理综合行政执法工作中贯彻落实，修改后的《条例》新增了"城管执法部门以及街道办事处、乡镇人民政府应当严格执行行政执法公示制度、执法全过程记录制度和重大执法决定法制审核制度"的规定。同时，为强化上海城市管理综合行政执法工作的执法流程和执法标准建设，修改后的《条例》新增了"城管执法人员从事行政执法活动，应当遵守执法程序规定，准确适用行政处罚裁量基准，使用统一的法律文书样式。执法程序规定、行政处罚裁量基准和法律文书样式等，由市城管执法部门制定并向社会公布"的规定。

设定行政处罚案件办案期限，最长不超过180天。按照新《行政处

城管执法队员在饭店检查

罚法》相关规定并结合上海城市管理综合行政执法实际情况，修改后的《条例》新增了"城管执法部门以及街道办事处、乡镇人民政府应当自行政处罚案件立案之日起九十日内作出行政处罚决定；因案情复杂等原因，不能在规定期限内作出行政处罚决定的，经城管执法部门或者街道办事处、乡镇人民政府负责人批准，可以延长三十日；案情特别复杂或者有其他特殊情况，经延期仍不能作出处罚决定的，应当由城管执法部门或者街道办事处、乡镇人民政府负责人集体讨论决定是否继续延期，决定继续延期的，延长期限最多不得超过六十日。法律、法规、规章另有规定的除外"的规定。

推进行政执法文书电子送达，提升执法效率。为进一步规范行政执法文书送达行为，提高文书送达效率、降低送达成本，按照新《行政处罚法》相关规定，修改后的《条例》新增了"当事人同意并签订确认书的，城管执法部门以及街道办事处、乡镇人民政府可以采用传真、电子邮件等方式，将行政处罚决定书等送达当事人"的规定。

与此同时，《上海市城市管理综合行政执法条例实施办法》（以下简称《办法》）也根据《条例》的修改及时作出调整。修改后的《办法》在现有市和区城管执法部门、乡镇人民政府作为执法主体的基础上，增加了街道办事处作为执法主体；同时，明确街道办事处、乡镇人民政府按照职责，查处在本辖区内发生的违法行为。对照新修改的《行政处罚法》的规定，修改后的《办法》删除了关于流动性违法行为查处约定共同管辖和指定管辖的规定，完善了对同一违法行为给予罚款的适用规定，并补充了以传真和电子邮件等方式送达行政处罚决定书的规定。同时，加强了层级监督，丰富监督检查的具体工作方式，增加一项"重大案件督办"，作为重要的工作检查方式予以明确。

第二节
Section 2

引领区浦东的立法先行先试
Pioneering Legislative Initiatives in the Leading Pudong New Area

浦东新区是社会主义现代化建设引领区，作为改革开放排头兵、创新发展先行者，浦东新区在城管执法领域开启全新立法实践。《上海市浦东新区城市管理领域非现场执法规定》《上海市浦东新区推进住宅小区治理创新若干规定》在全国范围内先行先试，体现了城管领域在立法执法方面的最新探索。

全国首部涉及非现场执法的专门性法规《上海市浦东新区城市管理领域非现场执法规定》于 2021 年底实施。浦东城管部门对跨门营业、占道设摊、占道洗车、渣土车未覆盖或未密闭、渣土泄漏散落 5 个执法事项实现"非现场执法"，从取证、核实、推送给当事人、提供申诉渠道到缴纳罚款等全环节均可通过互联网进行，大幅提升执法效率。立法实施以来，平均每天有 40 余件工单转为非现场执法案件。

浦东城管的智能感知设备

在遇到如渣土治理场景中的紧急告警工单或其他应急任务时，指挥中心可实时下达指令至离事发点位最近的车辆，该车立即停止常规车巡任务并转为应急处置模式。车辆收到指挥中心下发的点位地址坐标，自动导航至事发地点，第一时间开展前期核实和调查，现场画面通过车顶摄像头同步传回指挥中心。浦东新区城管执法局自主研发的这套以移动智能抓拍技术、移动车巡车队、智能监管闭环流程组成的街面秩序智能车巡模式，是对传统城管执法模式的一次突破和创新。

《上海市浦东新区推进住宅小区综合治理创新若干规定》于 2022 年

浦东城管的非现场执法指示牌

11月1日正式实施,这是上海首部以促进住宅小区治理创新为主题的地方性法规,是上海市人大常委会根据全国人大常委会授权制定的第十二部浦东新区法规,也是第二部社会治理领域的浦东新区法规。

该规定注重保障和规范执法行为,明确了执法人员依法查处住宅小区违法行为时,业主、物业使用人的配合义务和公安机关的依法协助义务;规定对于侵害小区业主共同利益的特定违法行为,综合执法部门有权采取相应的行政强制措施;规定在不动产登记簿上进行注记措施的适用范围和相关程序;规定简化执法流程快速办理的情形;探索完善文书送达方式;明确代履行措施的适用范围;进一步优化裁执分离机制等。畅通"一网统管"和"社区云"平台,动态更新实有人口、实有房屋等基础信息,实现信息共享,赋能社区治理;加强对相关信息和数据的分析研判与运用,提高服务水平和管理效率;建立依托大数据平台的执法协作机制。

城管执法队员在小区里普及法律知识

浦东城管以此为契机，将创新探索的方向由街面转向了小区，侧重于住宅小区推行综合监管机制。以居民十分关注的违章搭建、破坏承重结构等违法现象为例，浦东城管率先探索全生命周期管理。通过入场登记、日常检查、离场确认三个核心环节，要求在装修之前，居民必须要到所在小区的物业公司进行申报登记；在装修过程当中，物业公司必须要落实不少于每日一次的上门检查；在装修结束后，物业公司必须要到现场进行复核，确认装修合规；从而实现对整个装修过程的全生命周期监管，从源头介入，及时消除隐患。

推行住宅物业小区装修申报登记工作机制，最主要的是要求物业公司在居民前期装修时就介入。为压实物业公司主体责任，除了制度设计外，浦东城管专门开发了一套系统，用数字化的手段实现居民装修申报、物业日常检查、城管执法处置多个环节的连通和全链路监管处置，有效监管物业公司的履职情况，同时也作为物业管理工作的支撑，增强物业工作的主动性。

第三节
Section 3

外摆不乱摆提升街区"颜值"
Enhancing Block "Appearance" with Unwavering Stance

《上海市市容环境卫生管理条例》(以下简称《市容条例》)长期以来是上海城管执法工作的重要法规依据。为了践行"人民城市人民建、人民城市为人民"重要理念,《市容条例》近年来多次进行了调整修改,为加强市容和环境卫生管理,保障城市整洁、有序、温馨、安全、美观,实现高效能治理,创造高品质生活,提供了坚实的法治保障。

《市容条例》修订后,上海市城管执法局及时梳理执法事项,形成53项新的行政处罚事项清单并在系统内发布,同时动态调整权责清单和执法案由库,为一线执法提供依据保障。同时,完成新版《市容条例》配套行政处罚裁量基准的编制工作,指导基层正确适用自由裁量权,减少行政处罚随意性。

新版《市容条例》出台后,上海多个区在市容管理与民生需求之间探索新的平衡,对城市街面外摆位、马路菜场、便民摊点等采取了因地制宜的治理举措。黄浦区城管执法局立足于服务民生和促进经济发展的

黄浦城管执法队员在检查外摆位

需要，依据《市容条例》的相关规定，牵头起草黄浦区政府规范性文件《上海市黄浦区临时设摊实施意见（试行）》、黄浦区城管执法局部门规范性文件《上海市黄浦区"外摆位"实施意见（试行）》，力求进一步增添城市烟火气、提高特色消费体验度、促进区域文化展示和经济发展。

这两份意见坚持全面规划和有序开放相结合的原则，首次定义了城市管理视角下的两种设摊类别：临时集中设摊和临时零星设摊，并对"设摊外摆"行为的经营区域、经营业态、设置流程、准入机制及变更机制等方面作出明确规范。此外，两份意见按照"政府负责、社会协同、个人参与"的原则，明确街道、运营主体、经营者的管理监管责任，详细规定各方在城市管理、市容环境、消防安全、公共安全、食品安全、环境保护、消费者权益保护等方面的相关责任，并引入考核体系，支持运营主体结合日常管理、执法检查、社会各方意见等情况，定期对经营者评定诚信等级，制作和发放诚信等级牌。

自黄浦区设摊及外摆位政策实施以来，辖区内共有4个街道制定了区域设摊方案，并先行先试有序开展集中设摊活动，如淮海新天地周末市集、半淞新邻生活馆市集、豫园城隍庙市集等。市集经营内容包括特色美食小吃、潮流文创、户外电影、运动体验等，有效营造城市烟火气，受到市民的一致好评。经营过程中，运营主体均按照文件要求规范制发摊位公示牌，各管理部门依法进行检查监督，维护市场秩序，取得了较好成效。

第四节
Section 4

城管法治与优化营商环境
Rule of Law in Urban Management and Business Environment Optimization

法治工作具有较强的专业性，本书特别邀请长期关注城市治理领域法治建设的华东政法大学副教授谢文哲，点评分析上海市城管执法部门相关工作的实践情况。谢教授指出，根据党的二十大报告中提出的优化营商环境的精神，《上海市国民经济和社会发展第十四个五年规划和二〇三五年远景目标纲要》贯彻规定，全面深化"放管服"改革，加强法治化建设，提升本市营商环境国际竞争力，为此《上海市城管综合执法"十四五"规划》将优化营商环境明确为"十四五"期间城管综合执法工作重点任务目标之一。各类市场主体在城管综合执法工作中最常见的身份是行政相对人即当事人，《行政处罚法》《行政强制法》《上海市城市管理综合行政执法条例》等法律法规，无不将保护公民、法人和其他组织的合法权益确定为重要的立法、执法目的和任务。

上海为加快具有世界影响力的社会主义现代化国际大都市建设，打造市场化、法治化、国际化一流营商环境，在城管综合执法工作中，扎实推进依法行政，加强当事人合法权益保护。

一是牢牢把握严格规范公正文明执法的根本遵循。城管综合执法主体在开展执法工作时，应当遵守合法、公正、公开的原则，坚持以人为本，执法与教育、疏导、服务相结合，文明执法、规范执法，健全行政裁量基准，注重法律效果与社会效果的统一。

二是明确立案标准、公示立案依据。对执法检查巡查中发现、举报投诉反映或者相关行政管理部门移送的有关公民、法人和其他组织涉嫌的城市管理违法行为，应有初步证据证明，经内部审核批准后方予立案，无线索不得立案，严禁先查处、后立案，不得法外设权，没有法律法规依据不得作出减损公民、法人和其他组织合法权益或者增加其义务的决定。

三是遵守调查取证、查封扣押的程序。城管综合执法主体向当事人和其他有关人员调查取证时，应当全面、客观、公正，符合程序规范，不得以利诱、欺诈、胁迫、暴力等非法手段收集证据，不得伪造、隐匿证据。办案中针对与违法行为有关的场所、设施、财物实施查封扣押措施，应当遵守法律法规规定的条件、程序和期限，对于经调查核实没有违法行为或者不再需要查封扣押的,应当及时解除查封扣押措施。

四是加强程序权利保障。当事人在城管综合执法程序中依法享有广泛的程序权利,如申请回避权、要求执法人员出示执法证件权、陈述权、申辩权、要求听证权、对处罚内容及事实理由依据的知情权、阅卷权、申诉或检举权、告知救济权等。城管综合执法主体应当在执法办案中及时多次告知当事人享有的程序权利,并切实保障当事人行使程序权利,正义要以当事人看得见的方式实现。

五是严守定案和处罚标准。城管综合执法实施的行政处罚事关当事人的切身利益,必须审慎作出,证据须经查实,以事实为依据,与违法行为的事实、性质、情节以及社会危害程度相当,认定事实要达到清楚、证据确凿的标准。违法行为轻微并及时改正、没有造成危害后果的,不予行政处罚;初次违法且危害后果轻微并及时改正的,可以不予行政处罚;当事人有证据足以证明没有主观过错的,不予行政处罚。

第三章
数字治理探索更显城市智慧
Chapter 3
Exploring Intelligent Cities through Digital Governance

2018年11月，习近平总书记在考察上海浦东时要求上海探索出一条中国特色超大城市管理新路子。2019年11月，习近平总书记再次考察上海，指出上海要抓一些"牛鼻子"工作，抓好"政务服务一网通办""城市运行一网通管"。上海深入贯彻习近平总书记考察上海的重要讲话精神，把治理数字化作为推进城市治理现代化的关键路径。作为一个超大型城市，上海拥有多元的组织、海量的建筑，常住人口超过2400万，仅依靠人力的城管执法方式已经显得效率低下，难以应对复杂性问题。在城市管理中，信息化、网络化和精细化已成为重要趋势，大数据已经渗透到各行各业和业务职能领域，成为重要的生产要素。

上海市城管执法系统紧抓数字化转型契机，推进城管执法智能化建设。一是坚持需求导向、问题导向、效果导向，进一步推进业务系统建设应用，拓展推广"非现场执法"应用，打造覆盖面更宽、更有深度、更有示范意义的样本。二是拓展"分级分类执法管控"应用，学习浦东分级分类工作经验，打造一批具有鲜明行业特色的智能化应用场景，提升数据治理能力。三是积极融入"两张网"建设，依托市、区、街镇三级城市运行管理中心（以下简称城运中心）工作平台，打通数据壁垒，实现线上、线下联动，部门相互赋能，提高城管执法智能化水平。

科技正在改变我们的生活，通过数字赋能的城市治理也越来越智能，不仅体现在执法治理工作的提效增质上，而且展现了精细化、有序化的合作和探索。如何让"数字+"不只是一个噱头或者口号？上海城管部门给出了实践出真知的答案，为小区环境数字治理解决疑难杂症，提升建筑工地治理的专业水平，在城乡接合部等关键地区提供更精准的治理，通过无人机等技术化手段改进工作，点位上的创新映射着数字化整体工作的全局性优化，并且形成了一系列可复制、可推广的优质经验。

In November 2018, General Secretary Xi Jinping, during an inspection in Shanghai's Pudong, urged the city to explore a new path for managing mega-cities with Chinese characteristics. In November 2019, during another inspection in Shanghai, General Secretary Xi emphasized the importance of Shanghai grasping key initiatives such as "one-network administration for government services" and "one-network management for urban operations." Shanghai in-depth implemented the essential insights from Xi Jinping's inspections, considering digitization as a key route to advancing modern urban governance. As a mega-city with diverse organizations, massive infrastructure, and a population exceeding 24 million, relying solely on manual urban management and law enforcement has proven inefficient and inadequate for addressing complex issues. In urban management and law enforcement field, informatization, networking, and refinement have become important trends, with big data permeating various industries and functional domains, serving as a crucial production factor.

Shanghai's urban management and law enforcement system have seized the opportunity for digitalization transformation, promoting the intelligentization construction of urban management and law enforcement system. Firstly, they adhere to demand-driven, problem-oriented, and result-oriented approaches, further advancing the application and construction of business systems. They expand and promote the application of "non-site law enforcement," creating samples that cover a wider range, have more depth, and demonstrate greater significance. Secondly, they expand the application of "graded and classified law enforcement management," drawing lessons from the experience in Pudong to create intelligent application scenarios with distinct industry characteristics, enhancing data governance capabilities. Thirdly, they actively integrate into the construction of the "two networks," relying on the city, district, and street-level urban operation center platforms to break down data barriers, achieve online and offline coordination, empower departments mutually, and enhance the intelligence level of urban management and law enforcement.

Technology is changing our lives, and intelligent urban governance enabled by digitalization is not only reflected in the efficiency and quality improvement of law enforcement and governance but also demonstrates collaborative and exploratory efforts towards precision and order. How to ensure that "digital+" is more than just a gimmick or slogan? The Shanghai urban management department has provided a practical answer by putting knowledge into practice. They use digital governance to address complex issues infor residential areas, elevate the professional level of construction site management, offer more precise governance in critical areas like urban-rural junctions, and enhance their work through technological means such as drones. The innovations at various points reflect the overall optimization of digital work, forming a series of replicable and scalable high-quality experiences.

第一节
Section 1

城管执法的数字化蝶变
Digital Transformation of
Urban Management Law Enforcement

在城市治理数字化、智能化转型的新形势下，大数据为上海城管执法工作带来了前所未有的机遇，基于大数据的城管执法创新之路、必由之路就是城管执法数字化转型，数字化转型则是全面提升城管执法科学化、精细化、智能化的重要抓手。

2016 年以来，上海市城管执法局已经制定并实施了三轮城管执法信息化规划，借助信息化推动城管执法模式转变。

在信息化建设阶段，主要的工作是建系统。2016 年 7 月，上海市城管执法局制定出台《上海市城管执法信息化建设实施计划（2016—2017年）》，构建了城管执法管理信息化管理系统。这一系统包括：依托政务外网实现城管执法系统内"市—区—街镇"三级业务数据的传输，依托互联网实现市局门户网站的对外服务；围绕"基础数据库、共享数据库、公共服务数据库"，构建城管执法核心数据中心，通过大数据分析，为督察监管、基层执法、公众参与提供技术支撑；建成和有效运维城管执法电子政务平台、城管执法综合业务平台、基于北斗卫星的城市管理车辆作业监管平台等项目。城管执法信息化管理系统，率先跳出"人海战术"的桎梏，引领全国超大型城市的信息化发展方向。

在信息化转向数字化阶段，主要的工作是搭框架。2017 年 10 月，上海市城管执法局出台《上海市城管执法系统信息化建设三年行动计划

上海市城管执法部门信息化转型历程

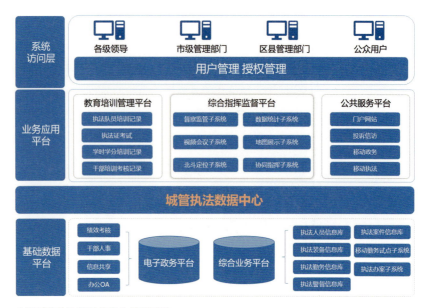

上海城管执法管理信息化管理系统

（2018—2020年）》，搭建了"1+3+N"的智慧城管体系架构。这一框架包括：健全信息化建设标准和规范，落实规划体系，规范建设管理，强化机制建设；完成各类信息化系统建设任务，完成了"网上办案、网上勤务、网上督察、网上考核"等业务系统建设和应用，推广应用诉件处置系统，推进城管执法案件协作联动信息化平台建设，全面提升城管执法信息化工作能级；建成市、区、街镇三级城管执法指挥监管体系；建成智慧城管执法大数据分析平台，加强跨部门资源整合与共享。"1+3+N"的体系架构夯实数字基础设施和数据资源体系"两大基础"，为城管执法数字化深入应用奠定坚实的基础。

在数字化深度应用阶段，主要的工作是治数据。2021年8月，上海市城管执法局出台《上海市城管执法系统"智慧城管"建设和应用三年行动计划（2021—2023年）》，基本建成"1+3+3"数字化城管的四梁八柱主体框架。这一框架包括1个资源数据中心、3大业务板块、市区街镇3级应用体系：1个数据资源中心是城管数字治理的支撑底座，实现各信息系统与市级"一网通办"和"一网统管"平台的对接；3大业务板块分

"1+3+N"的上海智慧城管体系架构

别是法制管理、指挥监管、综合管理；3 大业务板块涵盖执法办案、执法勤务、执法监督、诉件处置、执法对象监管、队伍规范建设、人员考核评价、教育培训和后勤保障等功能模块，为"智慧城管"提供开放、多元的应用场景。城管数字化从探索阶段转向"数字治理"纵深发展阶段。寻求数字治理的突破，数据驱动执法决策，运用数据治理高效完成执法事项，满足群众诉求。

上海城管执法系统的数字化转型在超大城市复杂体系日益突显脆弱性以及传统城管"人海战术"失灵后，提供了创新性的城市执法解决方案，获得显著成效，为提高城市治理现代化水平提供强有力的法治支撑。

目前，数字化推动执法流程规范、执法模式转型和执法检查创新初见成效。比如，"上海市城管执法网上办案系统"覆盖了全市 8000 多名城管执法队员，实现了全市城管执法办案流程、操作规范、办案文书、办案证据的标准化，以及办案系统、统计口径、执法案由、裁量标准的统一化。

2021 年，上海市城管执法局在原有执法办案系统的基础上升级建设"上海市街道乡镇综合执法办案系统"，新增全市各街镇作为综合执法

"1+3+3" 上海数字化城管框架

行政主体,优化办案审批流程,调整配置人员权限,完善执法文书样式,继续保持全市统一的执法流程和执法标准,极大地提升了执法规范化水平和执法效率。

上海市城管执法局在全市的执法部门中率先对接"一网通办"公共支付平台,从"让当事人线下跑腿"转变为"让数据线上跑路"。2020年推动上海城管执法网上办案系统与"一网通办"公共支付平台对接,实现了银联、支付宝、微信等电子支付方式作为全市城管执法罚款缴纳渠道,大幅减少了市民群众往返银行办理缴款所费时间和精力,缩短了案件办理时间,优化了案件处置流程。

在跨部门数据共享领域,上海市城管执法局依托上海市大数据中心公共数据共享交换平台,加强与住建、房管、绿容、交警等部门系统对接和数据共享,大力推进跨领域、跨部门联合执法,探索实现违法线索互联、执法标准互通、处理结果互认,逐步建立问题发现、线索移交、联合处置、结果反馈的工作模式,构建前端行业监管、后端专业执法、双方信息互联的管执联动闭环。加强与公检法部门对接,完善行政执法与刑事司法衔接机制,推进信息共享机制化、案件移送标准和程序规范化。

上海市城管执法数字化转型已经走出一条与众不同、具有中国特色的超大型城市城管执法数字化的发展路径，实现城管执法由人海治理向人机交互型转变，由经验判断型向数据分析型转变，由被动处置型向主动发现型转变，将数据生产资料转化为生产力，让数据可见、可用、可运营。

第二节
Section 2

数据多跑路让执法更高效
Enhanced Efficiency of Law Enforcement with Data Circulation

如何更好地通过数据来执法？对此，上海城管积极探索"两张网＋执法"的方法。自2020年以来，上海市城管执法局积极参与"两张网"建设，开发了一系列"基层爱用、实战管用"的应用场景，并在街面整治中取得了良好的效果。在全市执法部门中率先对接"一网通办"公共支付平台，实现城管罚没款电子缴纳；作为第一个接入全市统一综合执法平台的部门，将城管领域全部案件纳入全市"一案一码"全程动态监管；2022年7月1日《上海市电子证照管理办法》施行以来，作为第一批执法部门，实现执法办案过程中基于用证清单实时调用电子证照，当事人免于提交相关纸质材料。

各区城管执法局也都加大创新应用力度，比如浦东依托智能车巡，积极探索新型监管模式；奉贤结合"两张网"建设，重塑执法办案流程；宝山依靠数据赋能，在新冠疫情期间实现沿街商户常态化疫情防控分级分类监管。

2022年9月29日早上8时许，编号为"29"的浦东城管执法巡逻车缓缓行驶在灵岩南路上。途经一家店铺时，车载摄像头拍摄到店家在门外售卖水果，被系统自动判别为违法跨门经营，并推送给责任执法队员处置。当日9时31分，店铺完成了整改。

浦东城管车辆巡查街面

这样的"车巡"+AI 自动识别是浦东城管部门每天的工作常态。浦东城管工作面广量大，执法人手较少，如何提升巡视和执法效率？城管部门建立了一支由 34 辆车组成的智能巡查车队，将全区划分成 27 个小网格以及 9 个大网格，设置了 92 条车巡路线，基本覆盖全区所有沿街商户和近 80% 的路网。"按'双随机'原则，每次车巡前，系统都随机挑选 34 条路线，随机匹配队员。队员上车后，通过导航路线进行巡视，一旦偏航就会有警报。"浦东新区城管执法局相关负责人表示。

而为了提升识别正确率，城管部门前期做了大量工作，光为了让机器"学习"哪些属于违法画面，就传送了 30 万张图片，将正确率从起初的 15% 提升到如今的 80%。同时，城管队员还针对商户开展了多轮全覆盖数据采集，建成包含 66 个标签 9.3 万个监管对象的基础数据库。此外，与公安、城运共享探头，链接全区 3.9 万个道路探头。

浦东已实现对跨门经营、占道设摊、占道洗车、暴露垃圾、打包垃圾、乱晾晒、非机动车违停 7 类违法行为的智能发现。2022 年 9 月数据显示，日均工单达到 1800 余张。

智能平台还能抓拍渣土车未密闭、跑冒滴漏及黑车违规装卸渣土等违法情形。浦东城管部门能对跨门营业、占道设摊、占道洗车、渣土车未覆盖或未密闭、渣土泄漏散落 5 个执法事项实现"非现场执法"，从取证、核实、推送给当事人、提供申诉渠道、缴纳罚款等全环节均可通过互联网进行，大幅提升执法效率。目前，平均每天有 40 余件工单转为非现场执法案件。

在遇到如渣土治理场景中的紧急告警工单或其他应急任务时，指挥中心可实时下达指令至离事发点位最近的车辆，该车立即停止常规车巡任务并转为应急处置模式。车辆收到指挥中心下发的点位地址坐标，自动导航至事发地点，第一时间开展前期核实和调查，现场画面通过车顶摄像头同步传回指挥中心。浦东新区城管执法局自主研发的这套由移动智能抓拍技术、移动车巡车队、智能监管闭环流程组成的街面秩序智能车巡模式，是对传统城管执法模式的一次突破和创新。

2022 年以来，奉贤区城管执法局依托区城运平台，共享接入"一网

奉贤城管"一网统管"建设

统管"视频监控资源,在南桥、奉浦、金海3个街镇35条涉及主要道路、景观区域、商业集中区域的重点路段,试点开展跨门经营、占道设摊、占道堆物等违法行为非现场执法。通过接入"一网通办"平台,针对当事人为个人或企业的不同类型,分别在"随申办"App、"一网通办"企业专属页中增加"城管行政处罚"功能,实现《涉嫌违法行为提示单》《违法行为处理告知单》《行政处罚决定书》等法律文书的在线送达、确认接收及罚没款缴纳,每个环节均同步以短信通知当事人,结合信息技术重塑了整个执法办案流程。

上海城管部门继续深度融合"两张网"建设,强化应用场景开发和迭代,加快构建数字化监管体系,推动传统城管执法模式由人力密集型向人机交互型转变,由经验判断型向数据分析型转变,由被动处置型向主动发现型转变,努力绘就智能监管无时不有、法治服务无处不享的城管治理新蓝图,把治理数字化不断向纵深推进。

2023年,上海全面推进治理数字化转型取得显著成效,"一网通办"平台实际办件网办率达到80%,累计打造50个"高效办成一件事"标杆场景、35个"高效处置一件事"标杆场景和50个"随申码"应用场景,为建成具有世界影响力的国际数字之都提供坚实支撑和治理保障。

第三节
Section 3

数智治理化解疑难杂症
Intelligent Governance Solves Complex Issues

违法搭建、损坏承重墙、垃圾分类不到位等"老大难"问题影响小区环境。在上海浦东，城管部门推广数字治理方案，开发住宅小区综合监管应用场景，并探索通过 AI 识别、物联感知、大数据分析、无人机自动巡航等技术发现问题并推动解决。

有了数字赋能，小区环境综合治理如虎添翼。浦东依托"浦东城管"App、"美丽家园微智理小程序"以及智能应用场景等平台，将基础数据和业务数据有效关联，加强对热线诉件、问题上报、注记解注、执法检查、执法办案等大数据的综合应用。

2023 年 6 月 5 日，物业人员在对芳草路 253 弄某住户进行每日检查时发现，该处有涉嫌损坏承重结构的情况，物业随即要求业主立即对承重结构进行恢复，并通过"美丽家园微智理小程序"上报给城管部门，城管执法队员随即上门查看。经初步判断，该户涉嫌损坏承重结构，违反了《上海市住宅物业管理规定》，便对其进行了立案处理。业主认识到了错误，并于一周内恢复了原状。

浦东新区住宅小区综合监管平台

"我们初步探索出一套具有浦东特色的住宅小区综合监管新机制,已经覆盖全区2833个住宅小区。"上海市浦东新区城管执法局负责人介绍,浦东城管已制定一部综合监管工作规定,建立一套城管部门主导、多方参与工作机制,设计一套物业履职评价体系。接下来还要更好地发挥城管、物业、居民、居委会"四驾马车"集体力量和智慧,持之以恒地加强小区环境综合治理。

浦东城管聚焦住宅小区装修装饰类的热点、难点、堵点问题,主动寻求解决路径。通过第三方测评、行业评价、公众评价,实现单一治理向综合评价转型。评价内容涉及住宅小区诉件发生率、诉件处置及时率和满意率、小区物业日常管理中对违法问题发现上报率等。这些客观实效数据作为小区治理指数,参考小区规模、小区性质、建成年代等因素,借助数学模型、科学计算得出相对客观的评价排名。

浦东城管一直在不断探索数智手段赋能城市治理。除了开发住宅小区综合监管应用场景外,浦东城管还探索智能发现,紧紧围绕小区综合监管中的突出问题,通过AI识别、物联感知、大数据分析、无人机自动

浦东城管执法队员在小区巡查

巡航等新兴技术，探索屋顶违法搭建、垃圾非定时投放等行为的智能发现，持续推进智能场景与执法业务深度融合。

有了数字赋能，小区综合治理如虎添翼。不仅如此，浦东新区还充分依托"浦东城管"App、"美丽家园微智理小程序"以及智能应用场景等平台，将装修申报登记、分级分类、综合执法、执法保障和物业评价等基础数据和业务数据有效关联，加强对热线诉件、问题上报、注记解注、执法检查、执法办案等大数据的综合应用，确保小区综合监管工作数据准确、提示及时、处置高效、赋能充分和实战实用，不断提高浦东城管小区综合监管数字化水平。

第四节
Section 4

上得天空、入得后厨，"00后"体验数字城管

Experiencing Digital Urban Management with the Post-2000 Generation Perspective

上得天空用无人机巡查违章建筑，入得后厨穿梭在餐厅检查垃圾分类，通过城运中心在 2 小时内解决共享单车乱停放问题……上海的"00后"大学生杨韵菁 2021 年暑期在城管部门实习，面对城市治理向数字化转型，初入职场的"00 后"对公职工作有了不一样的认识和体会。

"以前觉得城管执法的工作非常严肃，甚至会单调。"上海海事大学学生杨韵菁说，"但是实习经历让我对这份工作有了不一样的感受，不仅科技感十足，而且城管队员们也很可爱，他们负责的 400 多个事项涉及家长里短，所以沟通能力和亲和力都很强。"

"上天"已经成为城管执法监管的常规操作。杨韵菁跟随带教老师上海市长宁区天山路街道城管执法中队队员唐艺风来到内环高架附近，用无人机巡查，看楼顶的违章建筑是否拆除干净。在一些难以进入的区域，无人机已经被广泛运用于调查取证。

无独有偶，杨浦区五角场街道综合行政执法队的工作人员说，自 2017 年接手房管执法事项以来，由于入室取证困难，住宅小区内的违法搭建投诉成了他们最艰难的日常执法事项。他们想出了一个新招，请来无人机帮忙，破解入室难问题，并成功取缔一起违法搭建。

接到有关住宅小区内的违法搭建投诉后，执法人员往往都需要经过

无人机执法检查画面截图

房屋实际使用人的同意才能进屋调查，而房屋实际使用人为了逃避处罚，则常常会将执法人员拒之门外。就拿2021年11月五角场街道综合行政执法队接到的一起市民投诉来说，逸仙路某弄一套复式房屋的邻居反映说，该房屋业主正在擅自搭建违法建筑物。在两次上门碰壁的情况下，执法人员决定启用无人机进行拍照、摄像取证，顺利获取了该违法建筑物的现场照片，并计算出搭建面积约为10平方米。

通过小区物业、区房管局、市城建档案馆、派出所等途径，调阅该房屋的产权信息和业主联系方式后，执法队员调查确认了违法搭建的事实，并约谈了擅自搭建的当事人，告知相关法律法规及违法后果，要求其立即拆除擅自搭建的违法建筑。起初，被约谈的当事人振振有词地反驳说："你们都没有进入现场，怎么就知道我违法搭建了？"看到无人机拍摄的图像后，他们哑口无言，不得不自行拆除。

在天山路街道的城运中心，路面监控探头等设备明显提高了城市治理的工作效率。城运中心的大屏幕上实时显示着辖区内在建工地、居委物业、小区环境等信息，这些数据信息与城管部门的工作息息相关。根据路面的信息，城运中心的后台发现了娄山关路茅台路路口共享单车乱停乱放的情况。

唐艺风和杨韵菁随后赶往现场进行处置，确认好乱停乱放的位置后，电话通知相关的共享单车企业运维人员进行处理。不到20分钟，乱停乱放的共享单车均已清运完毕。杨韵菁在现场拍照取证，上传到城运中心后台，完成了处理的全过程。

《上海市生活垃圾管理条例》实施后，生活垃圾分类的监督执法是城管部门的重要工作之一。执法检查工作遵循"双随机、一公开"原则，即在监管过程中随机抽取检查对象，随机选派执法检查人员，抽查情况及查处结果及时向社会公开。唐艺风在手机终端上接到餐厨垃圾检查工作的派单后，与杨韵菁和另一位城管执法队员来到上海的南丰城商场内的餐厅后厨进行检查。

唐艺风告诉杨韵菁："我们的日常执法都要两名以上城管队员参与，而且会通过执法记录仪记录过程。"除了执法监管，日常对垃圾分类知识

"00后"实习生与城管执法队员共同检查餐厅后厨

的宣传也是城管工作的一部分。杨韵菁参与了辖区内暑托班的垃圾分类知识科普活动。"小朋友们的热情特别高,他们对垃圾分类的了解程度也超过了我的想象。"杨韵菁说。

"刚刚到岗实习时,大家都在惊奇'00后'都要工作了。其实我们也到了择业的时候,但是对一些职业并没有深刻的认知。"杨韵菁感叹道:"这是我第一次到政府部门实习,为人民服务的工作真的很辛苦。无论以后是否会从事公职工作,我都会更热爱这座城市,希望大家都能关心、爱护城市的发展。"

第四章
Chapter 4

不断寻找营商环境更优解
Continuously Seeking a More Favorable Business Environment

在上海这座大都市里，市场化、法治化、国际化营商环境是提升城市竞争力、展现城市活跃度的关键指标之一，也是人民群众追求美好幸福生活的关键基础。2023年，上海市人大常委会再次修订了《上海市优化营商环境条例》，更好地呼应了企业对上海营商环境的长期关切，为持续营造市场化、法治化、国际化的一流营商环境提供更有力的法治保障。新形势下，城管执法工作对营商环境优化起到重要作用，要深化包容、审慎监管，完善监管规则规范，鼓励创新、守住底线。

　　曾几何时，处罚是老百姓印象中行政执法单位最"常用"的治理举措，甚至造成了社会上对执法队伍的刻板印象，认为相关工作缺少"温度"。随着"放管服"改革的推进和优化营商环境的努力，越来越多的处罚事项被取消或调整。如今，上海城管执法部门早已不再是一罚了之，近年来更是主动推进了"轻微免罚"政策的落地实施，更新发布轻微违法行为不予处罚清单，进一步扩大市场主体受惠面；进一步规范信用分级分类监管，及时依法依规解除失信约束措施。上海市城管执法系统在工作的实践和探索中，不断寻找营商环境的更优解。

In the metropolis of Shanghai, a market-oriented, rule-of-law, and internationalized business environment is a key indicator for enhancing urban competitiveness and showcasing urban vibrancy. It is also a crucial foundation for the people's pursuit of a beautiful and happy life. In 2023, the Shanghai Municipal People's Congress revised the "Shanghai Regulation on Optimizing the Business Environment," better aligning with the long-term concerns of businesses about the Shanghai business environment. This revision provides stronger legal guarantees for continuously cultivating a first-class business environment that is market-oriented, rule-of-law, and internationalized. In the new context, the work of urban management and law enforcement plays a significant role in optimizing the business environment, requiring deepened inclusive and prudent supervision, improvement of regulatory rules and standards, encouragement of innovation, and upholding bottom lines.

There was a time when penalties were the most "commonly used" governance measure in the public's perception of administrative law enforcement agencies, even leading to a stereotypical impression of law enforcement teams lacking "human touch." With the progress of the "streamlining administration, delegating powers, and improving regulations and services" reform and efforts to optimize the business environment, an increasing amount of penalty items have been either revoked or adjusted. Today, the Shanghai urban management and law enforcement departments are no longer solely focused on punitive measures. In recent years, they have actively promoted the implementation of the "light penalty or non-penaltyfor minor violations" policy, updating and releasing a list of minor offenses that will not be penalized. This further expands the benefits to market entities. The system also enhances the regulation of credit ratings, classifying and supervising them, and promptly and legally lifting constraints on untrustworthy entities. In the practical work and exploration of the Shanghai urban management and law enforcement system, continuous efforts are made to find a more favorable solution for the business environment.

第一节
Section 1

政策红利释放干货满满
Policy Dividends Release Abundant Practical Measures

对标国际最高标准、最好水平，上海在推进营商环境优化改革方面一直在持续进步。上海市城管执法局以坚持服务大局、鼓励创新、依法行政为基本导向，2020年以来先后发布了3个优化营商环境的文件，从1.0版本到3.0版本，结合实践需求，不断迭代升级，取得了良好成效。

2020年5月，《上海市城市管理行政执法局关于优化营商环境的指导意见》发布，这是1.0版本，从支持新消费业态、实施"轻微免罚"制度、推行非现场执法等领域，结合城管执法实际，持续优化营商环境，为市场主体营造稳定、公平、透明、可预期的市场环境。

面对新冠疫情的冲击，2022年7月印发的《上海市城市管理行政执法局关于进一步优化营商环境 助力经济加快恢复和重振的若干措施》，是针对实际情况，对营商环境优化相关政策的再升级，为2.0版本，既有对"轻微免罚"制度、非现场执法等内容的完善升级，也有包容审慎信用监管、试点建立案件快速办理机制的新鲜政策，为高效统筹疫情防控和经济社会发展提供了有效助益。

2023年4月，优化营商环境的举措再次迎来3.0升级版。《上海市城市管理行政执法局关于持续优化营商环境的若干措施》印发，为营造公平、透明、稳定、可预期的法治化

《优化营商环境的指导意见》

营商环境以及保障高质量发展，提供了更多的政策和制度保障。

此次推出的举措亮点多多，包括以下十个方面：

第一，加大特色经营活动支持力度。支持符合条件的市场主体，在属地政府在综合考虑市民需求、市容环境卫生、交通安全、公共安全、"菜篮子"供应保障等因素的条件下科学划定的设摊经营区域内，临时占用公共空间开展设摊经营活动；支持夜市、步行街等新业态发展；支持和推动农村经营主体销售自产农副产品；支持符合条件的市场主体在自有用地（红线）范围、合理规划的公共区域内，按照属地政府要求开展外摆经营活动。积极指导和督促市场主体落实市容环境卫生责任区制，做好垃圾分类和收运等工作。开放区内经允许且经营活动规范的，不再按占道设摊、跨门经营等实施行政处罚。

第二，推进柔性执法和包容审慎执法。秉持宽严相济、包容审慎的执法理念，完善轻微违法行为依法不予行政处罚清单制度体系，拓展市容环境卫生、文明施工、房屋管理等执法领域不予行政处罚事项，进一步扩大市场主体受惠面。进一步完善裁量基准，明确行政处罚裁量中"不予行政处罚情形"。开展说理式执法，广泛运用教育、警告、约谈等方式，引导督促市场主体依法依规开展相关生产经营活动。市场主体有符合法律规定的情形并通过重大执法决定法制审核的，城管执法部门从轻或者减轻行政处罚。市场主体主动退赔违法所得的，城管执法部门从轻或者减轻行政处罚。

第三，进一步优化创新执法监管。融入城市运行"一网统管"，依托城管执法对象监管系统，优化分级分类"风险+信用"监管模式，实行靶向抽查、差异化监管。对低风险市场主体探索实施宽松信任化监管，对低风险监管事项探索实施触发式监管。对涉及跨领域、跨层级的同一类监管对象，完善资源有效共享、业务有机协同的监管机制，做到"进一次门、查多项事"，实现监管效能最大化、对监管对象干扰最小化。聚焦街面环境、建设工地等执法场景，完善执法工作指引和标准化检查表单，规范日常监管行为。

第四，推进案件快速办理执法机制。推进"非现场执法"，扩大"非现场执法"的事项和区域范围，在提高执法效率的同时更注重保护市场主体的合法权益。对违法事实清楚、案情简单、市场主体对拟作出行政处罚没有异议的案件，城管执法部门可以根据市场主体的申请，简化流程快速办理，减少对市场主体正常生产经营活动可能造成的不确定性。适用快速办理的案件，应当简化调查取证方式，加强办案流程衔接，压缩审核审批时限，采用便捷送达方式，及时解除行政强制措施，办案期限原则上不得延长。

第五，实施重大案件报告备案制度。对于新型案件、社会关注度高的案件，应当及时向上级城管执法部门报告。严格执行重大执法决定法制审核制度，对市场主体拟作出较大数额罚款、没收较大数额违法所得和较大价值非法财物、吊销许可证件等重大行政执法决定的，城管执法部门充分保障市场主体陈述申辩、提出听证等权利，组织法律顾问、公职律师参与法制审核。重大执法决定作出后10个工作日内，应当向上级城管执法部门备案，上级城管执法部门进行全面审查。

第六，持续优化信用管理服务机制。在城管执法领域试行市场主体线上开具专用信用报告替代有无违法记录证明，减轻市场主体开具证明负担，便利市场主体上市融资、参与招标投标、申请资金支持等。完善城管执法领域公共信用信息数据清单、行为清单、应用清单，进一步规范公共信用信息数据管理。优化市场主体信用修复标准，畅通申请渠道，加强工作协同；对于完成信用修复的市场主体，及时停止公示其失信信息，助力市场主体稳定发展。

第七，提升服务公众数据治理能力。依托"一网通办"和"一网统管"，完善执法信息公示工作，做到依法依规、主动全面、准确及时、高效便民，保障市场主体知情权。深化"随申码"应用，扩大电子证照调用对象范围，拓展电子证照应用场景，实现电子证照信息共享和实时调用，减少市场主体向城管执法部门提交身份证、营业执照、行政许可等相关材料，推进"两个免于提交"措施实施。在"随申办"上线"上海城管执法"栏目，便利市场主体在线签收法律文书、缴纳罚款等。

第八，坚持严格规范公正文明执法。及时梳理公开执法权责清单，完善城管执法行政处罚裁量基准体系，科学制定裁量基准，规范裁量权行使。严格落实行政执法"三项制度"，严禁"以罚代管"，强化处罚教育结合，营造公平、公正、公开的法治化营商环境。加强执法人员教育培训，开展队伍作风纪律整顿，重点整治乱作为、慢作为等违法违纪行为，提升队伍政治素质、法治素养和业务水平，增强服务优化营商环境综合能力。

第九，创新和完善社会监督机制。加强政务公开制度化、标准化、信息化建设，支持社会力量监督城管执法工作，聘请社会监督员对城管执法部门和人员履职情况开展监督，收集、反映与营商环境相关的问题线索、意见建议等信息，推动执法监督常态化、长效化。建立健全问题线索核查处理机制，加大对违反优化营商环境工作要求的信访投诉问题处置力度，保障市场主体合理合法诉求得到及时响应。

第十，加大普法和宣传服务力度。大兴调查研究，加强与市场主体的沟通互动，及时回应市场主体关心的问题；制定与市场主体生产经营活动密切相关的政策文件和工作方案前，充分听取市场主体、行业协会、商会等的意见，并建立意见采纳情况反馈机制。落实"谁执法谁普法"责任制，有效利用"7·15公众开放日"、城管执法微信公众号等渠道，探索以案释法、场景互动等方式，宣传解读城管执法法律法规和政策文件，引导市场主体合法经营、依法维护自身权益。

持续不断加强制度供给，干货满满的优化营商环境举措给老百姓带来实实在在的优惠和便利，上海市城管执法系统的优化营商环境工作一直在路上。

第二节
Section 2

轻微免罚的"加减法"
"Addition and Subtraction" for Minor Offenses

2022年8月12日，国务院发布了决定取消和调整一批罚款事项的决定，取消公安、交通运输、市场监管领域29个罚款事项，调整交通运输、市场监管领域24个罚款事项。这一消息获得了各界好评，将对推进"放管服"改革、优化营商环境起到积极作用。

早在2020年4月底，上海市城管部门已经就"轻微免罚"的清单向社会公开征求意见。2020年8月出台的上海市《城市管理轻微违法违规行为免罚清单》为城管领域全国首个省级层面免罚清单，共明确12项免罚事项，包括市容环境、文明工地、餐厨垃圾废弃油脂、房屋管理等方面，主要针对危害较轻的违法行为种类中首次被发现、没有造成危害后果且及时改正的情况。这项免罚清单还设置了兜底条款，明确清单中未列举但符合法律、法规、规章规定的不予处罚情形的轻微违法违规行为，同样不予行政处罚。

2020年9月1日，上海市松江区城管执法局岳阳街道中队执法队员开出了首张"轻微免罚"决定书。执法队员8月25日发现一家从事机动

松江城管执法队员开出首张"轻微免罚"决定书

车维修、保养的店铺有店员正在沿街道路上帮客户清洗车辆,路面污水横流,现场对该店负责人进行了教育批评,责令其改正,并对该行为立案调查。执法队员 8 月 30 日再次对现场进行了执法检查,经过执法人员的教育劝阻,当事人已经改正错误,执法队于 9 月 1 日开具了"轻微免罚"决定书。

"当时我知道不用行政处罚的时候,忐忑的心情终于平静了。"这家汽车养护店铺的老板李先生说,"有关部门的工作方式越来越人性化了,我们也会不断提升守法合规意识,配合管理要求。"

"轻微免罚"是城管执法优化营商环境的重要举措。相关免罚事项涵盖各方关注的城管执法重点领域,对"首违轻微"相对人建立了容错机制,有利于提升中小微企业,特别是个体工商户的接受度,帮助企业纾困。

经过两年多的探索与实践,"轻微免罚"已经成为上海城管工作的一面"招牌",这项好办法已经走出时间和空间的跨度。

新冠疫情让不少企业感受到了较大的经营压力,如何保护千千万万的市场主体,让营商环境更优化?"轻微免罚"制度传递出了上海城管部门工作的"温度"。

在上海静安,南京西路街道城管执法中队在巡查中发现,有些商户存在占道堆物、占道设摊经营、超出门窗经营等违法行为。执法队员通过现场教育和口头警告相结合的措施,督促当事人立即主动改正,进而作出"轻微免罚"的决定。

在上海黄浦,城管执法队员发现个别餐厨单位存在因为疫情影响未按要求签订废弃油脂收运协议的情况,为落实"轻微免罚"制度,当场对相关负责人进行劝说和教育,责令其立即整改,促进餐饮行业回暖恢复。

上海市黄浦区城管执法局相关负责人表示,"轻微免罚"制度改变了过去以罚促管的执法模式,运用说服教育、劝导示范、行政指导等非强制性手段,指导当事人作出整改,实现了执法效果与社会管理效果的双赢。

截至 2022 年 8 月，上海市城管部门按照"轻微免罚"清单的规定，已经对 240 家市场主体不予处罚，累计免罚金额 215 万余元。这份清单的实施，实实在在为上海营商环境做"加法"，为行政权力做"减法"，取得了积极的成效。

2023 年，上海城管部门又出台了《〈上海市市容环境卫生管理条例〉轻微违法行为不予行政处罚清单》。越来越多处罚事项的调整，体现出上海城市管理工作的精细化，也与持续包容审慎监管的理念一脉相承。

松江区九里亭城管中队的城管执法队员在巡查中发现，一处非机动车道开挖施工的施工铭牌存在问题。施工铭牌上公示了工程名称、施工单位、建设单位等内容，但开、竣工日期及掘路计划编号两处内容缺失。执法队员随即拨通了项目经理的电话，约谈至中队接受询问。

"施工铭牌上为何部分内容缺失？"面对执法队员的询问，该负责人陈述起初设置时公示内容完整填写了，后因疫情、时间调整等其他原因，内容缺失的两处需修改，之后就一直空着，迟迟未补充。执法队员告知该情况属于涉嫌施工单位未按照要求设置施工铭牌的违法行为，并向其宣讲了新划转条例《上海市建设工程文明施工管理规定》中第十条、第三十条的相关内容，责令其限期改正。

5 月 26 日，执法队员再次对现场进行了检查，确认已经整改，因该违法行为没有造成危害后果、及时改正且首次被发现，符合上海市《城市管理轻微违法违规行为免罚清单》，中队作出了免予处罚的决定。该负责人得知免于处罚时，由原先的满脸愁容转为连连感谢，并表示：这个事情让他们感受到了执法的"温度"，也给了他们一个深刻教训，如果一不小心再违反的话，就不能免罚了，那真要面临 1 万元至 5 万元的罚款了。

轻微违法行为依法不予行政处罚，实实在在地为行政相对人纾困解难，但必须符合处罚法明确的一系列条件，并不是任何违法行为都可以被包容，更不代表可以随意不处罚。在做好处罚金额"减法"的同时，做好清单上免罚行为的"加法"同样重要。在城市管理领域积极探索的过程中，执法人员将继续包容、审慎监管，让每一起执法更有"温度"。

在"轻微免罚"的实践中，上海市城管部门发现，无论是大型公司还

城管执法队员与外卖员沟通

是小微企业,都非常珍惜这个"改正"机会,使市场主体不会因无意之过、无心之失,导致信用受损、财务负担加重。作为一项容错纠错机制,"轻微免罚"创造了更加包容的市场环境,拓展了优化营商环境的新格局。

众多企业认为,"轻微免罚"体现了执法部门包容审慎监管、柔性执法的新形象,让执法既合法又合情合理,更好地实现了执法目的。法律专业人士认为,"轻微免罚"清单本质上属于行政处罚裁量基准。传统的行政处罚裁量基准,更多侧重于对罚款方面从轻或者从重的控制,几乎没有对不予处罚情形作出明确规定,现在填补了这一空白,而且为城管执法人员提供了清晰的标准,有利于提升执法的精细化水平和创新治理的水平。

轻微违法不予行政处罚的核心就是"如何确定不处罚的标准",这些条件主要包括:违法行为已经及时改正,以保障公共利益和经济社会秩序;违法行为要没有危害后果或者后果轻微;违法行为符合"违法行为轻微"或者"初次违法且执法单位裁量认为应不予行政处罚"等。相关工作取得了良好的社会反响,并在持续推进中,力争让轻微违法不予行政处罚更好地落地实施,惠及企业和社会。

第三节
Section 3

"首违不罚"走向长三角
"No Penalty for First Violation" Extends to the Yangtze River Delta

2022年8月31日,沪、苏、浙三地城管执法部门根据《行政处罚法》《优化营商环境条例》等法律法规规定,联合制定发布长三角城管执法"首违不罚"清单,内容涉及生活垃圾、占道经营、未按规定占用城市道路等19个方面,将对首次违法行为依法不予行政处罚。这是全国城管执法部门首份跨区域"首违不罚"统一清单。

《长三角城市管理综合行政执法毗邻区域共同遵守"首违不罚"清单的指导意见》要求长三角毗邻区域城市管理综合执法部门在日常巡查、检查、执法活动中,初步认定当事人的违法行为属于初次违法、危害后果轻微、当场或在责令改正期限内完成改正、在《首次违法行为依法不予行政处罚事项清单(第一批)》清单内以及其他符合《行政处罚法》等法律、法规、规章规定的不予行政处罚情形的城市管理综合执法轻微违法违规行为,应当告知当事人存在的违法行并对其教育引导,当事人当场改正或自愿签署承诺书承诺及时改正,可以不予行政处罚。

"首违不罚"清单,是沪、苏、浙三省市城管执法部门贯彻落实长三角区域一体化国家战略的重要探索,是推动跨区域执法协作的重大创新举措,更是服务保障长三角区域打造一流营商环境、推动高质量发展的重要法治举措。该清单所涉及事项初步在浙江嘉兴,江苏苏州、南通,上海宝山、嘉定、金山、青浦、崇明等区域实施推进。

"您好,我们是金山区城市管理行政执法局的执法人员,这里是人行道,你们不能在这里跨门经营,请立即搬离物品,鉴于您的违法行为是首次发生,现对您进行警告教育,免予处罚,下不为例。"

金山城管的执法人员在巡查时发现,部分沿街商铺存在超出门窗跨门经营的现象。鉴于该违法行为属于首次发现,执法人员让商户签订了《首次违法行为依法不予行政处罚告知承诺书》,并要求商户当场进行了整改。

随着《长三角城市管理综合行政执法毗邻区域共同遵守"首违不罚"清单的指导意见》的颁布,金山城管部门坚持贯彻以人民为中心的发展思想,进一步优化营商环境,持续推进行政执法包容审慎监管,针对初违、轻微等违法行为,依托宣传教育、劝导纠正、开具整改通知书和签订承诺书的方式，告知当事人一旦再次发生类似违法行为将依法予以处罚。

"首违不罚"是处罚与教育的结合，是金山城管通过"柔性执法"管理，让管理更有"人情味"的重要举措，更是服务区域发展大局、服务人民群众的必然趋势。金山城管持续以文明、温情、人性化的执法服务群众，找准"管与罚"的最佳结合点，帮助企业有效减少违法违规行为，让执法工作更贴近民生。

"首违不罚"在市郊区域的应用非常广泛。青浦区香花桥街道综合行政执法队队员们从食堂返回中队途中，看到新桥路北侧农地冒出大量黑烟。执法队员怀疑是有人露天焚烧垃圾，立即前往处置。

经现场调查，系种地老人焚烧秸秆，不料想火焰被风吹开，火势一下子蔓延开来，造成浓烟滚滚。老人发现火势变大后想自行灭火但力不从心，队员到场后立即帮忙扑灭了火源。城管队员向老人进行了普法宣传，告知其露天焚烧秸秆属于违法行为，且稍有不慎就有引发火灾的风险，危害自身生命财产安全。老人认识到错误后当场表示今后不会再随

金山城管执法队员在长三角城市推广"轻微免罚"

上海嘉定和江苏昆山花桥两地城管执法队员联合巡查

意焚烧秸秆,鉴于老人年事已高,且认错态度良好,秉承"首违不罚"的原则,执法队员对其不予行政处罚。

冬天气候干燥,露天焚烧不但会产生大量有害烟雾、粉尘,污染空气,还容易引发火患,影响正常生产、生活秩序。城管部门也呼吁,为了市容环境和安全,大家应提高火灾防范意识,不要随意露天焚烧垃圾、枯枝或秸秆,若发现有擅自焚烧行为要劝阻并向有关部门反映,及时消除隐患。

2023年是长三角G60科创走廊建设七周年。其间,长三角G60科创走廊从1.0版"源起松江"发展到2.0版"联通嘉杭",进而迈入3.0版"九城共建"。松江区吸引了一批高新企业及高端人才落户G60科创云廊及漕河泾开发区松江高科技园区,对属地综合行政执法队日常的管理、执法提出了新的要求。

松江区新桥镇综合行政执法队教导员陈燕介绍,由于入驻企业多为高新引入企业,对于上海的地方性法规存在"水土不服"的情况。对此,新桥镇综合行政执法队于2021年7月15日创建并挂牌"G60科创云廊城管执法工作室",利用平台对接新进扩容企业和商户,将相关法律法规和注意事项告知企业和商户,主动送"服"上门,送"法"入心。新桥镇综合行政执法队结合免罚清单,从单一罚款转变为一次普法免罚促整改,二次依法执行助推进步的工作模式。企业及商户的经营者通过一系列的工作模式,对城市管理方面的执法事项得到更深的理解,为周边整体环境的提升起到很大作用。

"由于 G60 科创云廊周边企业及员工多为新上海人,因此更要将服务放在首位。"陈燕表示,G60 科创云廊执法工作室结合"双随机、一公开"工作,对新进企业或商铺提前介入,在垃圾分类、废弃油脂等方面主动上门普法宣传,并进行现场指导,让企业了解和整改问题,为周边市民"舌尖上的安全"保驾护航。

对于新进装修企业及扩容企业,执法队员及时对接,现场进行实地检查,并督促企业,要求施工现场必须严格按照安全施工标准进行,守护工人人身安全。陈燕表示,结合云廊的实际情况,新桥镇综合行政执法队每月与漕河泾企服公司共同组织商户及企业员工开展法律法规宣传培训会,让周边的企业工作人员了解城管执法领域内的法律法规。

第四节
Section 4

"信用修复"解决企业经营痛点
"Credit Repair" Addresses Pain Points in Enterprise Operation

公平、透明、稳定、可预期的营商环境，是包括经营主体和老百姓在内很多人的期许。上海市城管执法局建立健全信用修复机制，适度提高纳入失信信息平台门槛，鼓励和引导失信主体主动改正失信行为，在严守法律底线的前提下，为市场主体发展壮大提供更加宽容的制度环境。

依据《上海市城管执法系统案件信息信用修复管理办法（试行）》归集至市信用平台的失信信息，在查询期限内，信息主体可以申请信用修复。申请修复的条件是：属于一般失信信息的，信息公示期已满三个月；属于严重失信信息的，信息公示期已满六个月；严重失信信息且为行政处罚信息的，已按照国家要求参加信用修复培训并提交信用报告。信息主体主动纠正失信行为，行政处罚决定的义务履行完毕，消除社会不良影响。信用主体作出书面信用修复承诺。修复受理时间仅2个工作日；审核认定时间是受理后5个工作日，情况复杂的，延长期限不超过3个工作日。

杨浦城管执法队员接受市民信用修复咨询

"您好，请问是杨浦区城管执法局吗？我单位需要信用修复，应该如何操作？"简简单单的一句话，道出了企业修复信用的迫切心情。

杨浦新模式、新业态企业集聚，是区域创新发展的活力源泉，但其可能因"无心之失"受到行政处罚，产生失信行为，进而影响企业参与政府采购、招标投标、表彰评优、上市融资等活动。为落实优化营商环境相关方案，助力法治化营商环境建设，杨浦区城管执法局聚焦市场主体关切，积极转变服务理念，秉持"政府多跑腿、企业少跑腿"的服务宗旨，建立信用修复便捷高效办理机制，整合企业关心的信用服务关联事项，通过杨浦数字城管、微信公众号、短信等向企业推送信用修复通知、修复路径等信息，着力打造有力度更有温度的执法环境，为市场主体降成本、增活力保驾护航。

同时，建立源头触达机制，在送达行政决定的同时，一并发放《行政处罚信息信用修复温馨提醒》，告知当事人信用修复的途径和最短公示日期，并在"杨浦城管"微信公众号上开设信用修复专栏，提供便民邮箱，帮助企业及时修复信用，恢复生机活力。针对建筑工程、交通运输等行业行政处罚较多、信用修复需求较大的共性问题，杨浦区城管执法局加强跨部门协同联动，会同发展和改革委员会、投资促进办公室等部门开展行业失信专项治理行动，与普法宣传教育相结合，为企业提供信用修复帮办服务，引导企业增强诚信守法意识。2021年以来，杨浦区城管执法局已累计办理信用修复100多件。

第五章 Chapter 5

人性化举措打造有温度的城市窗口
Human-Centric Measures Create a Warm City Portal

城市要有烟火气，但不能是乌烟瘴气。在践行人民城市理念的过程中，有不少发展问题需要疏堵结合的"关键一招"。上海城管部门沉下来、扑到一线去调研，倾听市民群众和市场主体心声，思考城管执法部门创新服务新业态经营的思路和对策。为营造整洁有序又充满活力的街面环境，上海城管部门提出严禁无序设摊、科学分类管理、规范设置要求、完善常态管理等，进一步规范集市、夜间经济、分时步行街、早餐车、超出门窗和外墙经营（外摆位）等新型设摊经营活动。人性化举措打造有温度的城市窗口，除了持续增长的经济价值之外，也体现出更多社会价值。全面提升为民服务实效，提升市民投诉处置能力，始终把人民群众的满意度、获得感和实际需求放在首位，切实解决人民群众最关心、最直接、最现实的问题。

于是，我们惊喜地看到，无论是热闹的地摊外摆，或者城管部门主动打开大门的公众开放日和常做常新的普法活动，还是与市民出行和街面秩序高度相关的共享单车管理，上海城管都推出了"接地气"的治理实招，走出"反复治、治反复"困境，满足市民的需求和商户的期待，上海的城市治理探索出了一条美美与共、温暖人间的共赢之路。

A city should have vitality, but not be shrouded in haze. In the process of practicing the concept of people's cities, there are many development issues that require a "key move" of unblocking and blocking. The Shanghai urban management department has delved into frontline research, listened to the voices of citizens and market entities, and contemplated innovative strategies and countermeasures for the operation of new business formats by the urban management and law enforcement department. To create a clean, orderly, and vibrant street environment, the Shanghai urban management department has proposed strict regulations on unorganized stalls, scientific classification management, standardized setting requirements, and improved routine management. This further regulates new forms of stall operation activities, such as markets, night-time economy, parti-time pedestrian streets, breakfast carts, and stalls beyond doors, windows, and exterior walls.

Human-centric measures to create a city window with warmth not only bring continuous economic growth but also embody more social values. The overall improvement of service effectiveness for the people, enhancement of the ability to handle citizen complaints, and always prioritizing the satisfaction, sense of achievement, and practical needs of the people address the most concerning, direct, and practical issues for the people.

Surprisingly, whether it's the lively street stalls,the urban management department's open-door public open day,ongoing legal education activities, or the management of shared bicycles highly relevant to citizens' travel and street order, Shanghai's urban management team introduces "down-to-earth" governance measures. Stepping out of the dilemma of repetitive governance cycling and addressing the needs of citizens and the expectations of businesses, Shanghai's urban governance has paved a path of mutual benefit that is beautiful and warm for all.

第一节
Section 1

打开这张上海"摊"地图
Open the Shanghai "Stand" Map

偌大的上海滩,"摊"都在哪儿?2023年,上海城管发布上海"摊"服务地图,汇聚了上海各类特色设摊经营场所,帮助公众了解摊点的开放时间、售卖品类和摊位信息等。

上海"摊"服务地图于2023年7月15日在"上海城管"微信公众号和上海城管执法局政府网站同步发布,内容包括农产品销售点、便民疏导点、夜市、集市以及外摆位等,共计280余处,通过不同图标予以区分标识。公众通过当前位置在地图上拖动选择,或通过选定区域搜索,找到目的地后点击导航图标就能获取路线规划,还可以了解开放时间、售卖品类和摊位信息等,提出建议、评价。

值得一提的是,夏季是水果大量上市的季节,上海"摊"服务地图提供了特色产品搜索功能,点击"输入搜索关键词"一栏,会跳出"翠冠梨、黄桃、葡萄、西瓜、火龙果"等各种水果,点击任一水果即可看到销售点位及详细信息,同样也可以导航前往,满足公众对本地新鲜果蔬等农产品的消费需求。

在浦东新场镇,早上7时新环西路管控点客流量已过"早高峰",但100多名摊主还不舍得收摊。家住蒋桥村的苏根宝自带小板凳和台秤,将自己种的茄子、丝瓜、梨摆放整齐。"以前我在马路上卖,每天只能卖几十块钱,还总是提心吊胆的,也不安全。后来政府设了这个地方,村里通知去办证,有了《新场镇自产自销农户准入证》就能天天来了。现在每天收入有一两百块呢!"

刚摘下的蔬果新鲜水灵,价格虽与菜场相差无几,但顾客都说"图的就是新鲜放心"。86岁的沈阿姨家住"万体馆"附近,趁和老伴来新场游玩之机,顺道买了些南瓜、玉米和豇豆。"这里菜很新鲜,摊主也客气,还送了一大

上海"摊"服务地图微信小程序截图

城管执法队员在浦东新场镇菜市场巡查

捆菜。"她说。

新场镇市场管理所所长朱国兴介绍，管控点共制证117张，持证摊主来自于果园村、新卫村、黄桥村、新南村、蒋桥村等，每天管理人员都会检查证件。"村民可以向村委会申请，只要卖的是自产农产品，就能来设摊。"他表示，管控点营业时间为清晨4时半至上午9时，关门后立即清运垃圾，每天干湿垃圾均在2桶左右。和正规菜场一样，管控点备有蔬菜农残检测仪和公平秤，至今未收到过一起食品安全投诉。

在该管控点形成之前，周边农户大多集中在新环西路、牌楼西路等道路上售卖农产品，最多时路上有近100个摊位。无序设摊占据了非机动车道和机动车道，交通堵塞和噪声扰民让管理部门很头痛。

"与新场镇各职能部门协调后，我们这块闲置用地辟为新场镇首个管控点位，砌起水泥台，引导农户入场，有效缓解了道路乱设摊的压力。同时，镇里聘请第三方管理点位，设置相应准入规则。"新场城管中队副中队长王良表示，每天都会有2—3名第三方人员辅助值守，城管执法队员也会经常过来巡视。遇上水蜜桃旺季或节假日，还会增派人手。

新场镇现已有 4 个设摊点位，包括 1 个管控点和北一路、坦直路、申江路 3 个疏导点。城管部门会根据新版《上海市市容环境卫生管理条例》梳理点位，争取设置更多疏导点和管控点。

到了晚上 8 时，青浦区华新镇华寿商业广场内人声鼎沸。烧烤、家常菜、海鲜、火锅等各地特色餐饮在此云集，琳琅满目的餐车和饭店烟火气十足，不时还有歌手驻唱。大客流背后，却是规范有序的经营——外摆桌椅放在围栏内，近 30 辆餐车秩序井然，不时有工作人员巡逻，对停车、垃圾收运、集市治安等进行管理。

一辆餐车中，王文豹卖的是特色小吃"阜阳卷馍"。之前，他曾是在市场周边"打游击战"的流动摊主，每天推着小车售卖，"偷偷摸摸，就怕遇上城管"。当市场设置餐车集市后，他立即申请了一个摊位。"正规化经营后，生意稳定了。以前东躲西藏，一天收入两三百块。现在下午四五点出摊，晚上 10 点左右卖完，一天能赚约 1000 块。"被收编为"正规军"的王文豹笑称。

华寿商业广场物业负责人沈翠芳表示，市场设置固定餐车摊位吸收流动摊主，每天收摊后都检查液化气瓶阀门。同时，物业给每家商户发放 5 个垃圾桶，凌晨 3 时统一清运，并在垃圾站设专人二次分类。城管部门也在市场内设置办公室，对占道经营、跨门经营等进行常态化管理。

上海市城管执法部门一直很重视对城市烟火气的保障。在 2019 年，就与市商务委员会、市市场监管局、市绿化市容局等部门联合制定了《上海市商务委员会等九部门关于

青浦华新夜市的整洁环境

本市推动夜间经济发展的指导意见》。近年来持续聚焦南京路步行街、外滩枫径、安义夜巷、五角场大学路等特色商业街区、特色消费示范区等重要商圈、夜市集市和"五五上海购物节""六六上海夜生活节"等重要商业活动，加强执法保障，助推上海"夜经济"绽放新活力。

在面向全市居民制发并回收12306份问卷的基础上，上海市城管执法局于2023年7月印发《关于规范和服务保障新时期设摊经营活动的实施意见》，明确5项禁止性设置要求。其中包括：不得影响行人通行，不得擅自占用停车泊位和非机动车停放区域，不得埋压、圈占、遮挡消火栓；不得影响周边环境，不得擅自占用绿地；不得影响市民群众正常生活；外摆位经营活动不得超出经营主体建筑红线；外摆位经营者不得在店外进行食品加工。

上海有"摊"，但不是乱设摊；上海要有烟火气，但不能是乌烟瘴气。上海城管执法部门在持续优化便民服务的基础上，扩大设摊点位纳入管理范围，分类制定差异化的管理规范，不断优化上海"摊"地图服务，既维护好城市环境秩序，也守护好城市烟火气。

第二节
Section 2

一年一会——走进城管的公众开放日
Once a Year-Public Open Day with Shanghai Urban Management Department

"7·15公众开放日"是上海城管的重要宣传品牌项目,自2016年以来每年开展,行至2023年已经是第八个年头。每年的公众开放日,不仅是市民群众走近上海城管的好机会,也成为双向互动交流的重要契机。公众开放日上,大家聚焦市民群众集中关心的问题,以现场直播和论坛交流的形式,开展执法检查、普法宣传和走访体验,向全社会展示近年来上海城管在难题顽症破解、智慧城管建设、体制机制改革等方面的工作成效,不断提升市民群众对城管执法的支持率和满意度,持续凝聚上海城管执法系统发展正能量,为上海深化高水平开放、推动高质量发展贡献城管智慧和力量。

近三年来,围绕人民城市建设的新要求和思想文化宣传工作的新部署,上海城管公众开放日活动的形式愈发多元化,与老百姓生活息息相关的话题议题被充分关注、讨论,也让活动备受社会各界瞩目。

2021年的上海城管"7·15公众开放日",聚焦建党百年的时间特色,以"建党百年不忘初心,牢记使命执法为民"为主题,将活动延伸至"最后一公里",继续做好"请进来,走出去"。在区局、中队队部,邀请两

城管执法队员向学生们进行科普介绍

会代表委员和市民、学生等群体，在辖区城管执法队员的带领下，走进城管办公场所，通过观摩日常执法工作、体验城管执法设备、开展座谈交流、组织城管志愿者"体验"等形式，集中展示"十三五"以来城管执法系统推进城市精细化管理、数字化转型、现代化治理工作创新和标准化队伍建设方面的发展成果。

2022年的上海城管"7·15公众开放日"首次采取全线上模式开展，各会场以线上形式开展云上展播活动。线上主会场设在闵行区城管执法局，通过"上海城管"视频号，市民群众随着镜头与城管队员远程参与了一次执法体验，通过处理线上案例，向市民群众展现在常态化疫情防控背景下，全市城管执法系统如何在助力全面恢复生产生活秩序的同时确保市民投诉得到严格落实。为了方便市民解决急难愁盼问题，2022年的公众开放日上，上海市城管执法局通过"上海城管"微信公众号平台上线在线投诉模块。上海市城管执法局执法总队队员通过视频号向市民群众介绍了如何便捷通过在线递交投诉的演示过程。通过新模块上线，上海城管执法系统对市民关心的急难愁盼问题，将进一步提升投

长宁城管执法队员在公众开放日向市民宣传

诉处置效率，并与12345市民投诉热线形成服务互补。

2023年的上海城管"7·15公众开放日"围绕四个方面举行。首先是创新发展成就，着力展现全市城管执法系统在抓牢综合执法体制改革、开展专项执法行动、强化"智慧城管"建设等各方面创新发展的卓越成就。其次是为民服务举措，宣传城管执法在优化营商环境、融入社区治理等方面执法为民的重要举措。再次是普法宣传活动，贯彻"谁执法谁普法"责任制，展示全系统在深入住宅小区、商业楼宇、建筑工地等区域开展普法宣传活动的工作成果。最后是队伍建设成效，弘扬"双十佳""最美城管人"等先进典型，展现全系统建设高素质执法队伍的成效。

2023年的公众开放日主会场位于浦东新区城管执法局，以现场直播的形式向市民群众展示智慧车巡和非现场执法、小区物业分级分类检查、生活垃圾分类普法宣传等内容，直播后举办浦东城管论坛，邀请各方嘉宾就社区综合治理开展深入交流。各区城管执法局则以"线上＋线下"形式设立分会场。在线下活动中，将开展邀请两会代表委员、市民群众代表和社会志愿者等走进城管办公场所，通过观摩日常执法工作、体验

城管执法队员接受市民咨询

城管执法设备、听取执法案例分析，了解城市"精细化管理"发展成就，拉近广大市民与执法队员之间的距离。另外，依托城管社区工作室，邀请市民代表与城管执法队员开展线下交流体验活动，促进解决急难愁盼问题。

值得一提的是，在执法普法咨询中，城管部门将围绕"3+X"内容开展普法。其中，"3"是指"生活垃圾分类""破坏承重墙结构"和"外摆位新业态经济模式"三类重点普法项目，"X"是指各区局今年着重开展的普法项目。

一年一会，上海城管公众开放日成为品牌活动，八年走过，城管执法队员与市民朋友面对面，敞开心扉、畅谈心声：把你的烦恼、期盼告诉我，将我的工作、故事告诉你。这一场场双向奔赴，每年盛夏在上海如约而至。

第三节
Section 3

普法走进生活,城管在您身边
Legal Education in Daily Life-
Urban Management around You

"八五"普法规划实施以来,上海市城管执法系统以提升城管执法人员法治素养为重点,以提高普法针对性和实效性为着力点,严格落实"谁执法谁普法"普法责任制,为服务保障上海城市高质量发展、满足人民群众高品质生活需求夯实法治基础。

强化组织领导,健全普法机制,在健全机制上下功夫,在科学部署上下功夫,在考核评估上下功夫。突出普法重点,提升普法对象法治素养,强化领导干部学法,发挥示范带头作用;强化一线人员学法,练好执法基本功;强化管理对象学法,营造良好法治氛围。

坚持广普法、严执法,把日常管理服务对象作为普法重点,广泛开展城管进社区、进农村、进企业、进工地、进商家、进校园等活动,有针对性地开展法治宣传教育,形成全社会共同参与城市管理的良好氛围。普陀城管运用社区商场、公益场所、居住小区的电子大屏投放"上海城市法规全书"海报和系统二维码,让"城市法典"触手可及;嘉定、松江、

闵行城管执法队员进行宪法宣传

长宁等区梳理物业小区内常见的、热点的违法违规行为，为业主制作"装修指南"，不定期召集辖区物业公司开展专项培训，坚决将违法行为遏制在源头；青浦、金山等区开展"城管进百企"普法活动；闵行、虹口、奉贤等区与工地、共享单车运维企业建立联络微信群，通过日常微信群的引导和宣传，使企业负责人树立正确的法治理念，把矛盾问题化解在萌芽中，降低违法行为发生率。

"谁执法谁普法"，城管执法队员结合重点工作普法，助力破解难题顽症，面向基层开展各类专项整治主题宣传活动。在生活垃圾、建筑垃圾、违法户外广告、违法建筑、损坏房屋承重结构、群租、损坏绿化等城市难题顽症的整治工作中，坚持宣传教育、说服引导为先，通过张贴、发放宣传资料、上门走访告知等形式，引导广大市民自行整改，共同建设美丽街区、美丽家园、美丽村居。同时，通过电台、电视台、报纸、微信公众号、网站等多方位报道专项整治信息，形成"人民城市人民管"的良好氛围。结合重要节点普法，法治精神深入人心。紧扣国家宪法日、宪法宣传周、民法宣传月、国家安全日、学雷锋纪念日等重要节点，组织宪法、民法等进机关、进社区、进农村、进企业等活动，使法治精神深入人心，在全社会营造尊崇宪法、遵守宪法、维护宪法、运用宪法的氛围。

此外，在《上海市非机动车安全管理条例》《上海市市容环境卫生管理条例》《上海市住房租赁条例》等新制定或者修改的法律法规实施前，通过文字、图解等方式进行普及宣传，提高群众知晓率，促进自觉尊法、守法。

普法和治理同时推进，推动良法善治。一方面融入基层治理，把普法作为解决社区矛盾的先行手段，引导群众民主协商共建共治。在加装电梯、精品小区建设等重大民生项目建设中，积极融入小区治理体系，主动跨前做好释法析理工作，边普法边调解，以劝导教育等柔性方式为主，引导不同利益主体理性依法表达诉求、民主协商达成共识。另一方面融入制度建设，把普法与文件制定、立法建议、人民建议相结合，进一步推动良法善治。健全公开征求意见和政策解读机制，将《上海市城市管理行政执法行政处罚裁量基准》《上海市建设垃圾运输许可证吊销程序规定》等规范性文件草案通过门户网站，向社会公开征求意见，并对

第五章　人性化举措打造有温度的城市窗口

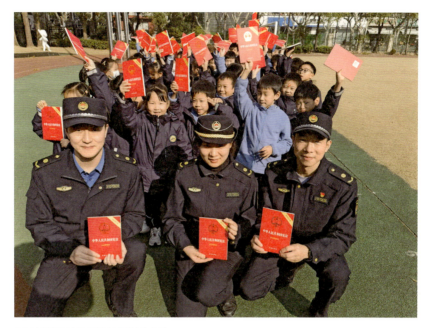

虹口城管执法队员进校园科普宪法

收到的意见进行研究、反馈。依托基层立法联系点,把普法与征求立法建议、人民建议相结合,发挥群众的智慧,助力破解难题顽症、完善政策措施,改进城管执法工作,提升精细管理和精准执法效能。

拓宽普法触角,深耕普法阵地。上海城管执法部门推动普法工作向社区、向园区、向商圈、向基层延伸。城管执法人员把社区工作室作为普法宣传主阵地,坚持"群众关心什么,普法就讲什么",结合日常投诉,围绕小区最常见、居民最困惑的问题,针对性制定普法宣传方案,力求"宣传教育一个人,积极带动一群人,广泛影响一小区"。同时,静安、长宁等区局以街道为单位,探索建立城市精细化便民普法点、"城管会客室"等,开辟城管普法新阵地,开展系列法治宣传活动。

拓宽普法形式,创新普法作品。顺应城市数字化转型趋势,灵活运用门户网站、微博、微信、微视频等媒介载体,开设"谁执法谁普法"专栏,找准市民群众法治生活中的热点、难点、痛点,以贴近群众、简练诙谐、寓教于乐的形式进行零距离互动式、服务式、场景式普法,努力让普法活起来、热起来、实起来。2021年开展了以"美好生活 与法同行"为主题的普法原创短视频和微信文案比赛活动，评选出《吴刚伐桂》等优秀作品，并制作了《群租危害侬晓得伐》《租房买房，你需要知道的事》《文明社区何以建 快来瞧瞧看看吧》等普法动漫视频。2023年组织开展"一法规一折页一视频一讲座"普法系列产品创作活动，聚焦与人民群众生产生活紧密相关的常见、易发违法行为，围绕15部重点法规规章制作18种折页、18个动漫视频、18个普法讲座，真正把群众爱看、想看、愿意看的法律知识送到群众身边。此外，在市局门户网站开设在线咨询留言板，对269条法律咨询进行答复，及时为群众答疑解惑。

拓宽普法精度，加强以案释法。一方面，推行全程说理式执法，将普法工作贯穿于行政检查、行政处罚、行政强制全过程，切实把每一次检查、每一起案件都当成一次普法公开课。强化分类指导和精细监管，广泛运用说服教育、劝导示范、行政指导等非强制性手段，在执法过程中加强释法明理工作。另一方面，加强典型案例的收集、整理、研究和发布工作，定期通过官网、微信公众号推送占绿毁绿、违法搭建、损坏房屋承重结构等案例，使依法办案的过程成为全民普法的公开课。

长宁城管普法的新媒体产品截图

第四节
Section 4

共享单车的高效治理经

Efficient Governance of Shared Bikes

在城市生活中，共享单车无疑是最便捷的短途交通工具之一，它接通了地铁、公交站点，连接着工作单位和小区住宅的"最后一公里"。但随着投放数量越来越多，乱停乱放、随意占道等诸多问题也接踵而至，严重影响市容环境和市民出行。单靠传统的线下人工管理已经无法满足要求，于是一批城市管理部门尝试转型，通过建设智慧管理平台破解难题，为顽症治理增效赋能，线上、线下齐抓共管，效果效率均显著提升。

一条原本就几米宽的道路，又被"压缩"得像羊肠小道一般窄，真是车满为患，这是某日16时52分，虹口区北外滩街道综合行政执法队员巡查至周家嘴路大连路看到的场景。该区域紧靠地铁站和公交站点，部分停放在规定停车区域的共享单车虽然排列得比较整齐，但是超出停车区域的共享单车已经"漫溢"到了旁边的人行道上。

"黄、蓝、绿"的单车已然成为市民日常出行的"便利色"，但是随之而来无序停放、严重积压、占道现象给城市管理造成了各种困扰，商圈、地铁、写字楼周边"潮汐"情况更为显现。经测量，这里三家单车

虹口城管执法队员治理共享单车

挤占人行道面积分别为19.5平方米、5.25平方米和3.75平方米，城管队员当即在"共享单车约谈会"微信群实时告知3家共享单车企业负责人在两个小时内完成清运整理，三家单位均表示知悉。

当天19时04分，城管队员至现场复查时，违规停放的车辆依旧在原处，当即固定证据，进行立案调查。约谈中，三家单位虽对不及时清运行为作出不同缘由的解释，但都承认了违法事实。城管队员解读相关法律法规，督促他们根据潮汐流规律分时段加强车辆调度和人手调度，分别对三家单位作出行政处罚决定。

城管部门加强路面执法管理，对三家互联网租赁自行车运营企业未及时清运违规停放的单车行为依法行政，全面规范共享单车管理。采取道路巡查、联勤联动和市民投诉等手段，持续加大重要路段、重点点位的管控力度，实施严格处罚管理措施，全面提升共享单车规范停放工作。结合建立微信工作群、不定期召开运维单位会议等方式，加大执法部门与共享单位运维单位的沟通联系，加强依法投放、及时清运共享单车的主体意识，转变"坐等"通知的思想，助推更好、更快的实效。呼吁广

闵行城管的共享单车数字监管

大市民群众在享受便利的同时，也要养成文明骑行、文明停放的良好习惯，做文明骑行的参与者。

依托人工智能、机器视觉、数据化应用为底层框架，推动城市共享电单车管理数字化。在闵行区城管执法局等部门的支持下，江川路街道依法规范共享单车企业经营行为，以轨交站点、主要道路为重点，依托"互联网""数字化"等新型管理模式，通过政企联动以及与井帮共享出行数字化管理平台合作，打好共享单车治理攻坚战。通过视频探头、电子围栏、AI 识别、扫码核验、巡查上报等方式实时监控街面共享单车停放情况，运用大数据分析对违规情况实行全天候识别、报警、处置、反馈的闭环管理。

新虹城管中队副中队长顾春晖介绍，虹桥商务区大概有 10 万名白领，从地铁站到公司"最后一公里"出行需求量大，以前街面没有禁停要求时，大量共享单车随意停放在路边，严重影响市容。

为了满足周边白领的出行需求，同时保障街面市容有序，新虹街道针对共享单车探索出了一套"政府—单车公司—商务楼宇（物业公司）"三方共治的模式。商务区的街面全部禁停，转而开放写字楼和居民区内的非机动车停放点位。"我们和各个地块的物业约谈，划定专门的共享单车停放区域，实行规范化管理。通过前期摸排和需求统计，总共开辟出 42 处停放点位，可满足日均运营单车 2000 多辆的停放量。"顾春晖说。

实际使用为管理系统提供了数据支撑、需求导向及改进空间，使数字化管理从理论落到实地，技术手段日趋成熟，管理界面更加友好，大幅提高了管理系统的实用性和适用性。同时，数字化管理也为线下的管理节省了人力成本，提高了效率，使得共享单车的管理更加精准、精细、规范、智能。

线下则强化政企联动，共同参与城市治理。城管执法部门提供执法保障，对于屡教不改的行为进行处罚；市容管理部门则运用共享单车管理职能系统的手机端 App 不间断清查违规投放行为等。在哈啰单车停放点，每次有单车停放时，地面上的"蓝牙道钉"和单车发出的信号会进行实时比对，限定单车停放区域，引导共享单车使用者规范停车。

第五章　人性化举措打造有温度的城市窗口

嘉定城管执法队员检查共享单车"牛皮癣"情况

共享单车车身上的"牛皮癣"同样是城管部门关注的问题。由于共享单车在道路街头的大量投放，车身被不法分子盯上，张贴各式小广告，"公积金套现""套路贷"等非法广告更是害人不浅。嘉定区嘉定镇城管中队针对这些不法小广告开展专项整治，对辖区内的共享单车进行小广告清理整改情况全面摸排，并对违法小广告做好相关取证。

执法人员本着"停机一批，查处一批，移交一批"的原则，按照《上海市查处乱张贴乱涂写乱刻画乱悬挂乱散发规定》，对相关案件作出了立案处理，并对当事人作出行政处罚，对部分张贴当事人的通信工具依法报停。

在执法过程中，嘉定镇城管队员对于当事人的乱散发行为不仅停留在简单的行政处罚，同时对当事人进行教育，让当事人从内心认识到乱张贴黑广告的危害性，从根源上杜绝再犯，还市民一个风清气正的社会环境。相信专项整治行动能够为需要共享单车通行的市民带来崭新的面貌，使其感受到与美好城市环境相匹配的骑行体验。

103

中篇
Part Two

关键小事　城之大者
Key Matters in the City's Grand Scheme

第六章
Chapter 6

垃圾分类就是新时尚
Waste Sorting as the New Trend

中国城市居民人均每天产生的垃圾量是 1.2 千克，这些垃圾要如何处理？如今，垃圾分类工作成为新时尚。干垃圾、湿垃圾、可回收垃圾、有害垃圾……2019 年 1 月，《上海市生活垃圾管理条例》经上海市人大代表表决通过，并于当年 7 月 1 日起施行，上海由此进入生活垃圾分类时代。

吃完大闸蟹要如何垃圾分类？上海人的精细在垃圾分类这件事上体现得淋漓尽致：扎螃蟹的绳子属于干垃圾，蟹壳属于湿垃圾……干垃圾能焚烧发电，湿垃圾能发酵成营养土、营养液，可回收垃圾能实现"再生"，有害垃圾被妥善处置。这已经成了绝大部分上海人心中根深蒂固的观念。日常生活中随手做好的一件小事都能对环境的低碳循环产生巨大的作用，垃圾分类这份"新时尚"正在这里得到更好的发扬。

有了上海率先探索，全国各大城市纷纷跟进，从法律法规上完善生活垃圾的细化分类与规范。4 年来，从"扔进一个筐"到"细分四个桶"，从"规定工作"到"自觉动作"，从"新时尚"到"好习惯"，垃圾分类成为上海以"绣花功夫"推进基层治理的缩影，也为超大城市践行习近平生态文明思想提供了生动注脚。

"垃圾分类和资源化利用是个系统工程，需要各方协同发力、精准施策、久久为功，需要广大城乡居民积极参与、主动作为。"2023 年 5 月 21 日，习近平总书记给上海市虹口区嘉兴路街道垃圾分类志愿者回信，为推进垃圾分类工作进一步指明方向。习近平总书记给上海市虹口区嘉兴路街道垃圾分类志愿者的回信在城管队员中引发热烈反响。上海城管部门以总书记回信精神为指引，以"钉钉子"精神持续抓好垃圾分类这件"关键小事"，确保专项治理出实效。

Chinese urban residents generate an average of 1.2 kilograms of garbage per person every day. How should this waste be managed? Nowadays, waste sorting has become a new trend. Dry waste, wet waste, recyclable waste, hazardous waste, etc. In January 2019, the "Household Waste Management Regulations of Shanghai" (referred to as the "Regulations") were voted and passed by the Shanghai Municipal People's Congress, coming into effect on July 1 of the same year. This marked the beginning of the era of household waste sorting in Shanghai.

How should you sort your garbage after enjoying a crab? Shanghai residents demonstrate their meticulousness in waste sorting: the string used to tie the crab belongs to dry waste, while the crab shell goes into wet waste. Dry waste can be incinerated for power generation, wet waste can ferment into nutrient-rich soil and liquid, recyclable waste can be "regenerated," and hazardous waste is properly disposed of. This routine has become a deeply ingrained concept for the majority of Shanghai residents. Everyday actions like proper waste sorting contribute significantly to the low-carbon cycle of the environment. This "new trend" of waste sorting is flourishing here.

With Shanghai taking the lead, cities across the country have followed suit, refining and standardizing the household waste sorting through laws and regulations. Over the past four years, from "throwing into one basket" to "dividing into four bins," from "mandatory tasks" to "voluntary actions," from a "new trend" to a "good habit," waste sorting in Shanghai epitomizes the grassroots governance propelled by the meticulousness and refinement, provides a vivid endorsement of implementing Xi Jinping Thought on Eco-Civilization in mega-cities.

"Garbage sorting and recycling is a systematic project that requires concerted and long-term efforts from all parties, precise measures and active participation of both urban and rural residents." On May 21, 2023, General Secretary Xi Jinping replied to a letter from volunteers who have been helping with garbage sorting in a residential community in Jiaxing Road Street, Hongkou District, Shanghai, expressing his keen hope to advance garbage sorting, resonated warmly among the team members. The urban management department in Shanghai, guided by the spirit of the reply from the General Secretary Xi, continues to focus on waste sorting as a "key small matter" and diligently ensures that the efforts yield tangible results.

第一节
Section 1

上好垃圾分类的"科普课"
Introduction 101 on Proper Waste Classification

垃圾分类,理念先行。一个优秀理念的推进,需要一代人又一代人的认识和消化,学校作为培养下一代的摇篮,也成为垃圾分类普法宣传教育的重要阵地。嘉定区新成路街道城管中队走进仓场社区暑期班,给正在放暑假的同学们上了一堂别开生面的垃圾分类知识小课堂。

课堂上,城管队员们用和蔼可亲的方式和通俗易懂的语言,向小朋友们讲解了什么是垃圾分类、垃圾分类的重要性、垃圾应该怎么分等内容,让大家明白垃圾分类工作的重要性,倡导小朋友们增强城市主人翁意识,将学到的垃圾分类知识运用到生活中。

"城管叔叔,我来回答,废镍镉电池、废药品是有害垃圾。""叔叔,我有个问题,我们家车子上次被小区里一堆建筑垃圾挡了路……""叔叔,我奶奶上次把蛤蜊的壳扔进湿垃圾里,我回去要告诉她错了。"

城管宣讲员用通俗易懂的语言,通过多媒体展示和动画片的形式,结合生活中常见的案例,为大家重点讲述破坏绿化、生活垃圾不分类、乱涂写、乱刻画、占道设摊等不文明现象,提升青少年自觉维护城市环境的意

嘉定城管垃圾分类科普进校园

识,养成良好的行为习惯。同学们听得非常认真,现场气氛十分活跃。

普陀区长风新村街道综合行政执法队联合街道司法所,在辖区内的怒江中学开启了垃圾分类趣味课堂,通过有趣、多元的互动方式,让垃圾分类的理念更加深入人心。

"日常生活中,生活垃圾一般可分为四大类,分别是湿垃圾、干垃圾、可回收物和有害垃圾。我们生活中常见的垃圾,如纸巾、砖瓦、陶瓷、渣土等都应放在干垃圾桶,易拉罐、牛奶瓶、废纸等应放在可回收物桶……"执法队员们通过短片向师生们讲解垃圾分类的现状和重要意义,以及垃圾不分类的危害、如何进行垃圾分类等。

在提问讨论环节中,同学纷纷表示,原来在学校里投放垃圾还有这么多的门道,以后大家一定会坚持分类,为维护美好的校园环境作贡献。

此外,城管队员还通过以案释法、互动问答等寓教于乐的形式,向同学们宣传文明饲养宠物、爱护生态环境、规范文明停车等知识。城管队员还向同学们发放了漫画宣传折页及文具。课后同学们说,今天学到

长宁城管执法队员向商户宣传垃圾分类工作

了好多有用的新知识，要回家分享给爸爸妈妈、爷爷奶奶听。

法理上有了依据，管理上更要见真章。作为一座常住人口超过2400万的超大城市，上海垃圾分类的基层治理离不开群众参与、全民行动，也需要较高的城管执法队管理水平。以做事认真闻名的上海人，在垃圾分类这件"关键小事"上再次刷新了人们对精细的认知。

在推进生活垃圾分类工作的过程中，沿街商户一直都是生活垃圾生产大户。为进一步推动辖区沿街商户垃圾分类工作有序开展，浦东城管潍坊中队联合潍坊街道市容绿化部门在检查辖区沿街商户垃圾分类工作情况的同时，格外注意宣传科普工作的推进。

在检查过程中，潍坊街道城管执法中队发现一些商户未张贴生活垃圾分类宣传引导资料。检查人员当场发放生活垃圾分类宣传图，并积极与各商户进行沟通交流，耐心解答商户提出的日常垃圾分类问题，并指导各沿街商户及时、准确张贴生活垃圾分类宣传图。对一些商户垃圾桶上未标明垃圾分类标识的，执法队员要求其予以整改，并做到长效保持。按照相关规定，生活垃圾分类管理责任单位应当设置带有明确标识的生活垃圾分类收集容器，一旦标识缺失，容易误导店员和顾客将生活垃圾混投混扔。

垃圾分类是一项系统工程，需要长效久治。上海城管执法部门将持之以恒地推进垃圾分类宣传工作，鼓励各沿街商户积极开展垃圾分类宣传工作，提高垃圾分类的知晓率和参与率，带动和引导更多的人参与到垃圾分类实践中来，努力实现全民参与、全民分类的良好氛围。

"现在垃圾分类弄得好了，味道也没有了，以前到了夏天，住一楼总要买些苍蝇纸，现在苍蝇也少见了！"在崇明区向化镇向民小区的垃圾定点投放处，上班顺路丢垃圾的张女士和志愿者陈阿姨闲聊着。从2019年《上海市生活垃圾管理条例》实施至今，向化镇垃圾分类情况也发生了巨大变化。城管执法人员与党员志愿者、垃圾收集员等组成志愿者小组担起了上门指导的重任，同时利用城管进社区工作、"田间小喇叭"广播、生态养护车等多种形式搭建宣传平台，生动宣传讲解垃圾分类相关内容。以前农村随意倾倒垃圾等陋习早已消失不见，村居民们践行绿色低碳理念、主动参与生活垃圾分类的新时尚习惯基本养成，垃圾分类实效逐步趋于稳定。

第二节
Section 2

综合施策让垃圾分类"无死角"
Comprehensive Measures for No Gaps in Waste Classification

除了群众的主观意识，垃圾分类的"氛围感"，对个体的投放规范也尤为重要。上海市城管执法局通过评定垃圾分类精品小区、开展生活垃圾分类执法检查等手段，坚持宣传教育与执法处罚并重，聚焦生活垃圾分类投放、收集、运输、处置四个环节，全面推进生活垃圾分类专项执法行动。执法队员在保持对垃圾分类监管执法力度不减的基础上，指导小区物业合理优化设置垃圾投放点，并要求规范配备分类收集容器，为群众日常生活垃圾的正确投放提供硬件保障。

在普陀区，为深入推进生活垃圾分类工作和文明创建工作，提升垃圾分类实效，城管执法队员走进小区住宅、商场医院等公共场所，走遍沿街商户，开展垃圾分类专项执法行动，进行滚动检查，综合施策搭建起立体治理网络，以全方位思路力求垃圾分类"无死角"。

长征镇综合行政执法队结合《上海市生活垃圾管理条例》，加大执法力度，依法严格办案，坚持行政管理执法联动，多措并举推行垃圾分类管理。城管执法队员定期巡查沿街商铺、大型商场，严格落实垃圾分类监管

嘉定城管执法队员在小区里做垃圾分类志愿者

责任，对监管对象定期开展执法检查，及时发现、查处，同时开展专项整治，对于巡查中反复出现问题的企业，进行单独约谈，并立案查处。

同时，针对辖区生活垃圾分类开展整治行动，重点整治生活垃圾分类责任主体违规行为，通过教罚并举及执法、普法并重，有效推动责任落实，提升治理效能。以"城管执法进社区"为依托，长征镇综合行政执法队按照一人一居名单，由执法人员对各自分管小区垃圾分类实效进行抽查。

例如，8月正值高温天气，生活垃圾干湿混投会对后续分类处理造成不良影响，未能及时清理的餐厨垃圾也极易腐臭变质，对市容环境和卫生健康造成损害。长征镇综合行政执法队抓住"当季"特色，调整勤务模式，加强中班力量，确保无乱设摊、乱堆物现象发生，同时积极开展生活垃圾分类检查，为夏季环境和健康"保鲜"提供坚实保障。

普陀城管中队一直坚持"宣传普法在前，行政处罚在后"的工作方式，指导居民正确投放生活垃圾。2021年8月，城管中队接到居委反映，小区内有一位居民多次乱扔垃圾，并且曾与值守的志愿者发生冲突。城管执法队员与居委、物业一同到现场核实情况，确认乱扔垃圾情况属实。

普陀城管执法队员在小区检查垃圾分类

队员询问当事人王大爷后得知，因邻居半夜乱扔垃圾导致其出行不便，于是自己也扔出垃圾，并将垃圾袋散开，借此扩大影响来引起管理方的重视。

一方面，城管执法队员立即对其开展宣传教育，告知法律后果，并开具了当场处罚决定书。王大爷表示认可处罚，以后将按规定投放生活垃圾。另一方面，城管中队希望加强与居委、物业的沟通协作，让居委自治引导、物业服务管理、城管普法执法起到同频共振的积极效果。在此基础上，区域内居民的分类意识不断提高，已经实现从"要我分类"到"我要分类"的主观转变。

在普陀区中心医院，执法队员结合日常执法检查，开展垃圾分类宣传指导。针对医院内医废垃圾的特殊性，以及候诊区域人流量大、凭证纸屑类垃圾多等特点，执法队员结合执法经验知识，为院方提出有效的垃圾分类工作优化建议，旨在帮助医院精准设置分类标识与投放点，以此提高医患各方的分类意识，并以垃圾投放的便捷性促进分类的规范性。

执法与普法结合以外，新技术手段的介入也是整治垃圾分类薄弱环节的重要手段。上海城管执法部门依托"一网统管"平台，积极探索、推广应用垃圾分类智能化监管场景，创新街区、小区监管模式。充分运用小区视频监控、智能垃圾箱房等技术手段，智能发现、及时提醒、依法查处居民混投乱扔垃圾行为。运用街面视频监控、车载智能设备等技术手段，及时发现、及时处置沿街商户乱扔垃圾、乱堆放垃圾等行为。积极探索通过"非现场执法"方式，提升生活垃圾分类执法监管的效率。

例如，闵行区马桥镇综合行政执法队围绕"智慧城管"以及"非现场执法"两大课题探索实践应用，率先把目光汇聚在小区个人乱扔垃圾的难题上，在试点小区通过智能化系统取证查处，在推进两大课题实践应用的同时，也助推小区垃圾分类工作更上一层楼。

2022年2月，马桥镇综合行政执法队接到居委反映，小区内有乱扔垃圾的行为，并有视频监控记录。通过检查视频，发现情况属实，且当事人面部清晰可见。根据居委会提供的人口登记信息，执法队初步判断出了当事人的身份与联系方式。第二天，执法队员电话询问当事人，当事人承认违法行为，并来到中队在询问笔录上签字确认。当天，执法队员即向当事人开具责令改正通知书，并于次日前往小区复查，发现当事人已按要求改正违法行为。由于当事人两年内是首次被发现乱扔垃圾，并且乱扔的垃圾占道面积为1平方米，镇综合执法队对当事人作出罚款99元的行政处罚决定。非现场执法的方式有效提高了此类违法行为的发现和查处力度，为小区内的执法工作开拓了新的方式方法。通过此类执法还可以推进小区内垃圾分类工作的普法效果，实现了执法与普法相结合"1+1＞2"的效果。

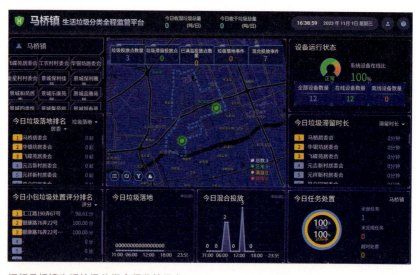

闵行马桥镇生活垃圾分类全程监管平台

第三节
Section 3

垃圾分类需要精耕细作
Precision and Persistence in Waste Classification

闵行城管执法队员检查垃圾分类厢房

通过前文所述的精细化管理手段，上海继续在垃圾分类上保持全国"领头羊"地位。2022年，上海市城管执法系统聚焦生活垃圾分类投放、分类收集、分类运输、分类处置四个环节，累计出动执法人员22.5万人次，开展执法检查13.3万次，教育劝阻54339起，责令当事人整改34787起，依法查处生活垃圾不分类案件17747起。新冠感染疫情过后，针对部分小区集聚性小包垃圾乱丢弃、极个别居民不履行分类义务等反弹回潮问题，城管部门强化执法处罚，从严查处居住区个人未按定时定点要求分类投放、随意乱扔生活垃圾等案件1665起，有力震慑了垃圾分类违法违规行为。

经过4年多的精耕细作，垃圾分类给上海社区面貌和生态环境带来了实实在在的改变：

上海生活垃圾分类实效保持稳定，湿垃圾分出量基本稳定在干湿垃圾总量的35%左右，可回收物回收量日均达到7284吨；

居民区分类达标率从《上海市生活垃圾管理条例》施行前的15%提高到95%以上，单位分类达标率达到95%，大多数居民已养成自觉分类习惯；

生活垃圾末端资源化处理能力稳步提升。目前，上海已建成焚烧厂15座，湿垃圾集中处理设施10座，全市生活垃圾焚烧和湿垃圾资源化利用总能力超过3.6万吨/日，生活垃圾回收利用率达到42%，实现原生生活垃圾"零填埋"。

公开、透明、量化的评分标准是执法成效的重要保障。根据《2023年上海市生活垃圾分类实效综合考评办法》，上海市生活垃圾分类减量推进工作联席会议办公室组织力量对2023年上半年各区、街镇以及重点公

长宁城管执法队员在餐厅后厨检查垃圾分类

共机构和公共场所生活垃圾分类实效情况进行了综合考评，考评结果于7月13日出炉，给16个区"打分"。这份生活垃圾分类实效"半年报"还首次公布了一批居民区、村的成绩。上海市绿化市容局最新公布的数据显示，2023年上半年，上海湿垃圾分出量为9024吨/日，湿垃圾分出量稳定保持在干湿垃圾总量的35%左右，可回收物分出量7460吨/日，有害垃圾分出量1.98吨/日，生活垃圾分类实效持续巩固。

生活垃圾分类这件"关键小事"，一头牵着民生，一头连着文明。从一开始不解"什么是垃圾分类？什么又是干垃圾、湿垃圾？原本每层楼道都设有垃圾桶，大家在家门口成包扔垃圾多方便，为什么要改？"到如今市民已经形成"肌肉记忆"，城管执法，物业监督，志愿者普法，群众积极参与……垃圾分类不仅是低碳生活新时尚，更成了和谐社会好习惯。一项12.84万人次参与的生活垃圾分类实效情况市民评价调查结果显示，市民对上海垃圾分类工作的满意度总体较高，95.7%的居民认为垃圾分类保持了良好态势，给予五星好评。

垃圾分类这个"关键小事"必须要一以贯之、坚持落实。在上海的带动下，北京、广州、杭州等多个重点城市生活垃圾分类投放、分类收集基本实现全覆盖，分类运输体系基本建成，分类处理能力明显增强，城市居民认可垃圾分类新时尚，蔚然成风。

第七章
Chapter 7

拆违控违必要久久为功
Resolving Illegal Constructions Requires Persistent Efforts

现代都市有了规整的街道，有了靓丽的绿化，让人赏心悦目。但在其中却有一些不和谐音符屡禁不止——将公共绿地私自圈成私家花园、在公共楼顶偷搭阳光房、在自家老房子内私搭天井……不仅严重影响了上海这座国际化大都市的市容、市貌，更是带来消防、建筑承重等多方面的安全隐患。

早在2015年，为进一步完善上海城管综合执法体制改革，拓展城管综合执法范围，将房屋管理领域内的查处搭建违法建筑、损坏房屋承重结构等执法事项划转至城管执法部门，由城管执法部门依法履行行政处罚职能。2017年，根据上海市委、市政府《关于开展无违建居村（街镇）创建工作的实施意见》及市拆除违法建筑领导小组办公室《本市无违建创建先进街镇验收考评办法》等文件精神，全市城管执法部门聚焦"五违"（违法用地、违法建筑、违法经营、违法排污、违法居住）问题集中区域，以"无违建创建先进居村（街镇）"活动为抓手，以加大附违"注记"工作力度促违法建筑拆除力度，取得较好成效。经过近几年"五违四必"、无违建先进居村（街镇）创建、"美丽家园"住宅小区环境综合治理等工作的推进实施，取得了阶段性治理成果。

在坚持依法严厉打击违法搭建、损坏房屋承重结构等涉及房屋使用安全违法行为的同时，城管执法部门还将坚持依法规范履职，积极做好执法保障，为民服务，对权利人提交的解除"注记"申请，及时上门核实解除，不断提升城市精细化治理效能。对于拆违控违的顽症痼疾，上海城管执法部门以问题为导向，敢于攻坚克难，坚持久久为功，通过一系列专项行动和创新方法，取得了阶段性的成果和突破。

In the modern cityscape adorned with orderly streets and beautiful greenery, there persist some discordant notes—public green spaces being fenced off as private gardens, unauthorized sunrooms erected on public rooftops, and private atriums added to old houses, etc. These not only significantly impact the aesthetics of Shanghai, an international metropolis, but also pose various safety hazards in terms of fire safety, and structural integrity of buildings.

As early as 2015, to further enhance the reform of the comprehensive urban management and law enforcement system in Shanghai, to expand the scope of comprehensive urban management and law enforcement, the enforcement of matters related to illegal constructions and damage to the structural integrity of buildings in the housing management field was transferred to the urban management and law enforcement department, the urban management and law enforcement department then carried out administrative penalties in accordance with the law. In 2017, following the guidelines outlined in documents such as the "Implementation Opinions on the Creation of Villages (Street Towns) without Illegal Buildings" and the evaluation methods of the advanced street towns in the removal of illegal constructions by the Shanghai Municipal Demolition and Rectification Office, the city's urban management and law enforcement department focused on areas with concentrated issues of the "Five Illegal Acts" (illegal land use, illegal construction, illegal business operations, illegal discharge of pollutants, illegal residence). They initiated activities such as the "Creation of Villages (Street Towns) without Illegal Buildings" to intensify efforts in marking illegal structures and promoting the demolition of such structures, achieving commendable results. Through the progress and implementation of works such as the "Five Illegal Acts and Four Necessities," the creation of villages (street towns) without illegal buildings, and the comprehensive management of the residential neighborhoods under the "Beautiful Homes" initiative in recent years, significant achievements in phase-wise governance have been realized.

While steadfastly cracking down on illegal constructions and damage to the structural integrity of buildings in adherence to legal procedures, the urban management and law enforcement department also strives to regulate its duties in accordance with the law. They actively provide law enforcement support, serve the people, promptly verify applications for the removal of "marks," and continuously enhance the effectiveness of fine-grained urban governance. Addressing the persistent challenges of demolition and control of illegal constructions, the Shanghai urban management and law enforcement department, guided by a problem-oriented approach, fearlessly tackles difficulties, persistently works towards its goals, and through a series of targeted actions and innovative methods, has achieved phased results and breakthroughs.

第一节
Section 1

"五违四必"推动拆违突破
"Five Illegal Acts and Four Necessities" Drive Breakthroughs in Resolving

2015年起,上海市连续开展了三轮"五违四必"生态环境综合治理工作,全市城管执法系统集中力量拆除重点区域违法建筑,积极配合相关部门推进违法用地、违法经营、违法居住、违法排污等违法行为治理。在"五违四必"综合整治的带动下,上海拆违工作取得新突破。整治后的综合效应逐步显现,整治地块内的治安案件、消防案件大幅减少;违法建筑拆除后的存量土地得到更新,腾出了建设发展空间;土壤、空气、水等环境质量明显提高,尤其水环境改善最为明显。随后,为有效巩固"五违四必"生态环境综合治理成果,继续开展无违建居村(街镇)创建,及时遏制新增违建,逐步消除存量违建,市民群众的满意度和获得感不断提升。

在"五违四必"环境综合整治行动中,浦东从整理、管理、治理入手,全面推进"五违四必"环境综合整治工作,努力实现"环境面貌进一步提升,'五违'现象基本消除,守住生态环境底线和安全保障底线"的工作目标,努力使浦东成为更加精细、更具特色、更有温度的高品质生活城区。在浦东上钢新村街道,伴随着挖掘机作业的声音,昕建宾馆

闵行城管开展"五违四必"整治工作

范围内 40 多年来陆续搭建的违法建筑退出了历史舞台。

位于耀华路 588 号的昕建宾馆建于 20 世纪 80 年代，在数十年的使用中，其边边角角不断"长高、长胖"。由于权属关系多年间不断变更、原始材料缺失、实际使用人不配合等原因，难以准确认定违建的责任人及具体位置、面积，俨然成了"无头账"。为彻底摸清该处违建底数，上钢新村街道成立专班，由街道五违整治办公室牵头，城管中队依法立案，多部门协同处置。经过缜密调查，执法队员调到了该处的动迁资料等关键图纸，并通过第三方实地评估，确定了昕建宾馆范围内全部的违建位置。经查，该处大大小小违法建（构）筑物共计 12 处。

在切实的证据和多次普法宣传下，一直不配合执法的当事人最终确认了违建事实，表示愿意配合拆除工作，并请求助拆。经过不断努力，昕建宾馆"长高、长胖"的违建物被悉数妥善拆除，历史"积案"终被消化。由于昕建宾馆主体建筑建造年代较早，违建拆除完毕后，浦东城管上钢中队与消防、安监等部门组成联合检查组，对宾馆主体建筑再次开展隐患排查。由于该场所不符合消防安全要求，执法组责令管理方必须按要求进行修复并通过检测后方可再次经营。

在闵行区，区政府将"五违"环境综合整治领导小组办公室下设在闵行区城管执法局，负责环境整治的综合协调和统筹等职责。闵行区城管执法局以拆违为牵引，注重统筹人口调控、消防安全隐患、"城中村"整治等多种问题的综合整治。聚焦违建数量大、成片污染、脏乱差问题和安全隐患突出、流动人口集中的重点区域。先把问题、矛盾集中的地方解决，再带动其他区域的问题整治，从而营造氛围、锻炼队伍、形成威慑和示范效应。同时，各街镇作为区域的整治

闵行城管执法队员进行"五违四必"整治

责任主体，做好方案制定，整治协调、推进，组织开展"五违"问题排摸梳理、整治及后续长效巩固工作，切实做到整治一块、消灭一块、巩固一块。

2016年初，针对闵行区违法建筑数据库内部分数据点位不准、信息不清等问题，城管执法部门组织开展"再排摸、再核查"工作，有效提高了违法建筑数据的真实性和准确性。如浦江镇开展梳理排摸，锁定了380万平方米的任务量；马桥镇建立了"一处一档"的镇违法建筑数据库，做到排查全覆盖、不遗漏。同时，六家领域拆违牵头部门通过条块联合梳理，确定了270多万平方米的拆违量，形成任务清单，细化时间节点，保证了拆违整治的有序实施。

闵行区城管执法局将领域专业管理职能与区域属地管理职能相结合，综合施策，凝成合力，要求区职能部门、街镇和村居三个层面在拆违整治上做到标准一致、手势统一，实现全区"齐步走"。针对违法建筑衍生的各类违法行为和安全隐患，采取联动执法，集中治理。如梅陇镇、华漕镇、颛桥镇采取联合整治措施，拆违关闭了红都市场、盛隆市场、思购市场等一批无证市场。截至2016年10月底，闵行开展的"四类沿线"专项整治中，拆违总量已达394万平方米。

在"五违"整治中，闵行区城管执法局先从区内问题最突出的区域着手，把"连片成块、脏乱差严重、安全隐患突出"的区域作为重点整治项目。工作中形成了华漕镇许浦村民宅整治、颛桥镇中心村违法用地整治、莘庄康城的居民区整治等典型。如华漕镇许浦村作为闵行第一个先行启动的重点整治项目，用短短51天完成了57.2万平方米拆违整治任务，创造了"许浦速度"，成为典型。

随着"五违四必"环境综合整治工作的有序推进，党和政府的公信力不断增强，社会的公平正义得到切实保障，城管执法队员敢于担当、迎难而上的精气神明显提升，使转型发展的新空间得到有效拓展，城市生态环境水平有了明显的提升。

第二节
Section 2

拆违工作先要拆除"心墙"
Resolving Illegal Constructions Requires Breaking the "Mental Wall"

对待拆违工作,如何打开老百姓的"心墙",让他们认识到这一行为的后果是重要的一道坎。对此,上海城管部门加强普法,从源头上根除这一行为。

宝山区大场镇毗邻中心城区,经济发展与人口导入迅速,违法建筑治理逐步成为城市管理难点,在"五违四必"工作中,作为全市唯一拥有两个市级重点整治区块的街镇,大场镇城管执法中队为全力做好拆违工作,不仅细化分解整治环节,扎实推进拆违任务,更认真落实"谁执法谁普法"工作责任制,形成违法建筑治理"全流程+"普法宣传工作方法,以普法助力执法,五年来累计拆除违法建筑550万平方米,占全区拆违总面积的1/5,取缔违法经营700余户,清退违法居住约2.7万人,实现了新增违建零增长、存量违建逐步解决的目标,全镇综合生态环境显著改善。

面对体量巨大的拆违任务,首先面临的问题就是业主与群众的不理解,大场镇采取内外联合、借势借力的宣传模式,使拆违宣传工作得到

宝山城管执法队员进行拆违工作

广泛认可。

对内,夯实执法基础。大场镇城管执法中队采取网络学习和授课讨论相结合的方式,邀请行业专家、法律顾问进行授课,针对新增执法事项、执法程序、当事人权益等细致培训。全体执法队员在虚拟课堂与讨论交流中先行自我普法,端正执法理念;在日常一线实践中,进一步查漏补缺,巩固法律知识和执法技能,逐步做到业务精通。

对外,案例同步宣传。大场镇城管执法中队为使宣传更贴合群众实际,制作并发放图文并茂、简明易懂的防违控违宣传册,显著标明法条和法律责任,配上生动的真实案例,提高群众法律意识。注重以案释法,树立榜样典型,让群众通过真实案例提升区域环境、改善生活品质的切身感受,加强支持拆违控违的决心与信心。积极利用大场党建、大场社区等微信公众号和社区通新媒体平台,与传统海报、标语等宣传方式相结合,营造线上、线下多维宣传氛围。

各方共参与,形成整治违建的社会合力。大场镇城管执法中队通过社区法治课堂、"城管进社区"公众开放日等活动,进社区、走企业,积极开展城管执法理论和实践的法治宣传与现场指导,主动融入社区,拉近与群众距离,有效答疑解惑。发动居民志愿者一同参与拆违控违宣讲,有效形成"人人知晓、人人参与"的拆违控违氛围。作为执法单位,大场镇城管执法中队始终坚持将普法融入执法的全过程,在哪里执法就在哪里普法,做到拆违全流程执法普法双同步。

拆违工作前,坚持清单式管理。执法人员走访到位,不仅明确位置、面积、居住人口、生产类型等基本情况,还确保对每个点位违法违规的情况了如指掌,做到重点单位"一户一档",确保约谈过程切中"要害",整治行动一步到位。例如在南大路沿线门面房整治中,针对经营者的不同情况,执法部门分别以消防安全隐患、异地经营、食品安全不达标等违规行为为突破口,"量体裁衣"制定工作方案,前期释法有理有据,让业主做到心中有数。彻底失去继续拖延、继续抵抗的动力,成功拆平600 余户的连片违法建筑约 30 万平方米。

拆违过程中,坚持一体化推进。坚持明细化操作,从告知、约谈、

宝山城管执法队员检查拆违工作

风险预测到整治、固守,每个环节进行逐项落实,同时建立"五违四必"整治操作办法"二十一条",规范调查摸底、宣传发动、合同解除、书面告知、联合执法一体化工作流程,做到每个环节有据可依、具体落实公平公正,更有效化解业主和群众之间攀比、观望的"心结",使违建拆除整治到位、整治成效群众认可。

拆违成果来之不易,而确保违建"零增长"更是任重道远,大场镇城管执法中队持续探索"科技+制度"手段,推进防违控违。

前移切入点,打好普法"预防针"。针对新建小区集中装修带来的违建高发问题,将防违介入点前移至交房环节,当业主拿到新房钥匙同时,也会同步收到列明搭违建违、破坏房屋承重等违法负面清单的普法告知书和承诺书,有效起到警示作用,让群众不愿违、不想违,实现"源头控违"。

借助高科技,实现沟通"零距离"。在问题多发的违建老小区,充分推行"智慧城管"平台,安装视频直播电话,通过AI手段,实现与居民

24小时无障碍联系，实现"线上+线下"双渠道普法教育，随时解答政策疑问，违建发生率明显下降，防违控违的精细化水平进一步提升。

固化普法优势，扎牢控违防护网。通过构建网格化管理机制、动态巡查机制、拆违工作责任制、精细化管理机制四项机制与齐抓共管、全流程普法相结合的"4+1"控违防护网，固化普法实效，筑牢防违控违的"底盘"。做到预防在前、处置及时、工作到位、杜绝隐患，区域综合环境得到明显改善，近年来投诉量每年以50%比例下降，投诉总量从2016年的6400余件已下降到2019年的1700件，下降幅度位列全区第一，控违工作也真正走上长效化、制度化的道路。

第三节
Section 3

"注记制"不等于免"拆"金牌
"Annotation System" Doesn't Mean Exemption

房屋注记是城管执法部门处置存量违建时的一种行政行为，被认定为违法建筑的房产进行注记后，将无法办理买卖、转让、抵押等。不少居民心存侥幸，认为房屋注记后就可以任意搭建改建，殊不知这只会等来城管上门处置。上海城管用耐心、决心、信心，破除万难，依法依规、有力有序地推进居民区违建整改。

近年来，嘉定区菊园的拆违工作始终坚持以控新增、销存量为重点，第一时间发现并处置新增违建，逐步消除各类存量违建。为切实做好存量违建分类治理工作，菊园新区针对住宅小区内居民自用类违法建筑开展房屋注记，通过注记手段逐步消除居民自用存量违法建筑。

在附有违法建筑房屋注记过程中，部分业主存有抵触情绪，不愿全程配合，其中有户违建业主更是同执法队员"打游击"，认为只要不见面、不签字就可以不被注记，这种"天真"的想法当然无法如愿。

2022年，一户违建房屋位于慈竹路某小区，业主将房屋门口外推，砌砖加装防盗门，形成了长1.3米、宽0.9米的违建空间。业主起先以在

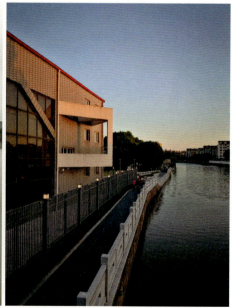

嘉定菊园拆违前（左）后（右）对比

市区上班早出晚归为由，推拒执法队员的约谈，执法队员只能通过电话与之取得联系，希望他拆除违建，业主坚决不同意。在被告知如不配合整改，违建房屋将被注记后，业主开始拒接电话。执法队员无奈之下请居委、物业配合制作了《旁证笔录》，在送达《附有违法建筑的不动产事先告知书》时，业主出声回应后发现是执法队员，便死活不肯开门。之后业主更是玩起了失踪，执法队员早晚多次上门均未能见到业主。

虽然违建业主难缠，但注记程序还是要走下去。执法队员发动居委、物业及同层邻居关注该户业主动向，每每接到消息赶到现场，业主不是已"逃离"就是躲在家中不开门。执法队员采用邮寄方式送达文书未果，在穷尽法律规定的其他送达方式的情况下，最终公告送达《附有违法建筑的不动产认定书》，完成了整套注记流程，业主附有违法建筑房屋被注记。

对于不配合整改的业主，城管部门可采取房屋注记手段，只要违建事实存在，流程依法依规，不会因业主的逃避而停止注记。房屋一旦被注记，将限制交易、抵押，影响业主对于房屋享有的部分权利，业主必

嘉定城管执法队员开展拆违工作

须拆除违法搭建部分方可解除注记。菊园城管通过注记倒逼业主拆除违法搭建，以此逐步减少居民区存量违建，改善居民小区整体环境，建设美好家园。

2023年，闵行区梅陇镇综合行政执法队接到投诉，反映某老旧小区内有居民正在搭建违章建筑。"城管同志，我的房子被注记了，这个地方本来就是一个阳光房，我只是翻修一下，不算新建的。"业主解释道。根据现场勘查，执法队员发现该处房屋天井内正在搭建铝合金材质构筑物，且墙面留有老建筑拆除后痕迹。通过进一步核实，该处天井原先确有一处阳光房，已在多年前被城管执法部门进行注记。

"同志，你的房屋虽然已被注记，但是你对老违建拆除后实施翻新的行为属于在建违建。"执法队员耐心地进行普法宣传，并依法向其开具执法文书，责令其限期拆除。目前，该业主已自行拆除了违法建筑，并申请解除房屋注记。

无独有偶，在另一个在建违建投诉中，执法队员现场勘查发现，该业主在其十一层房屋的跃层平台搭建一处阳光房，面对执法人员的询问，该业主辩称此处房屋系存量违建，且已被注记，此次房屋装修未作任何处理。随后，执法队员发现该处阳光房材质较新，无明显锈迹，显然是新搭建的。经过与该房屋注记材料比对，进一步验证了执法队员的判断，原来该房屋原先注记的是另一处违建，此处阳光房是新搭建出来的。最终，在事实面前，业主"偷梁换柱"的伎俩被识破，执法队员依法向其开具执法文书，要求其限期拆除。经过复查，目前该业主已自行拆除该违章建筑。

根据规定，附有违法建筑被注记的房屋不能按时过户登记，面临违约赔偿的情况成了业主在房屋买卖过程中的一大心事。2023年3月7日，长宁区程家桥街道综合行政执法队接待了一位神色焦急的居民。经过城管执法队队员了解，居民王女士今年已年逾七旬，家住哈密路。在交谈中了解到其子经商，养着多名员工，因为疫情、经济形势等原因，近期资金流周转困难，在将哈密路住宅作为标的向银行抵押贷款时，遇到了困难。由于该处地址因天井内附有违法建筑，在前期居住类房屋文件备

长宁城管执法队员与市民沟通注记情况

案过程中被注记并限制交易与抵押等商业行为。

王女士相当急切，不断询问要如何才能解除注记。程家桥街道综合行政执法队队员曹振宇当下耐心细致地向王女士解释了相关工作流程，并立即与同班组队员沈瑜一起到达现场进行勘查，发现该处地址天井内存在一个封闭式的塑钢结构玻璃房。在王女士提出自己无法进行自行拆除时，曹振宇马上联系了程家桥街道违法建筑治理领导小组办公室进行助拆，并在3月9日早上完成了助拆工作，考虑到王女士的迫切心情，执法人员当天便提交了《房屋解除文件备案申请》。3月13日，王女士通过微信向执法人员表示了感谢，表示该处房屋已解除了注记状态。

近两年，程家桥街道综合行政执法队从最初的排摸、认定、上门发放告知书到后期的组织拆除、房产交易解冻，全程参与推进针对附有违法建筑的居住类产权房的注记工作。2022年，程家桥街道综合行政执法队完成拆除并解冻相关居住类产权房屋8户，有效改善了相关小区的内环境。

第八章
Chapter 8

守护大都市里的美丽家园
Safeguarding the Beautiful Homes in the Metropolis

作为人民幸福生活的最直观体现场所，社区有的往往都是"关键小事"。让每个人的楼道、门前都美起来的关键之一，就是将整治落到实处、落到细处。社区美了，市民群众的获得感、幸福感也就高了。住宅小区是社区治理的重要组成部分，作为城市治理的"最后一公里"，在推进城市治理体系和治理能力现代化中的地位和作用愈发凸显，成为市民幸福指数的关键着力点。

近年来，在各级相关部门的共同努力下，上海市住宅小区环境面貌和管理秩序得到了显著改善，许多难题顽症、违法行为得到有效解决和积极遏制。但同时，占绿毁绿、群租、破坏承重结构等违法行为仍不时发生，严重影响小区居住环境，群众意见大、投诉量较多，给城市管理执法带来不小挑战。上海城管立足解决群众直接需求，推动社会治理重心下移，积极推动队伍参与住宅小区治理，开展住宅小区专项执法，力求打通服务群众"最后一公里"，丰富城管执法功能，加强主动治理、源头治理、系统治理，完善为民服务机制，落实便民、惠民举措，着力提升执法工作实效，解决群众急难愁问题，切实提升市民投诉处置率和社会公众满意度。

As a tangible reflection of people's happiness and well-being, communities often revolve around "key small matters". One of the crucial elements to beautify every corridor and doorstep is to implement improvements in detail. When communities become more aesthetically pleasing, the residents' sense of achievement and happiness also increases. Residential neighborhoods are an integral part of community governance, serving as the "last mile" in urban governance. Their significance and role in advancing the modernization of the urban governance system and capabilities have become increasingly prominent, making them a key focus of citizens' happiness.

In recent years, through the joint efforts of various levels of relevant departments, the environmental appearance and management order of residential neighborhoods in Shanghai have witnessed significant improvements. Many persistent issues and illegal activities have been effectively addressed and actively curbed. However, illegal actions such as encroachment on green spaces, overcrowded rentals, and damage to load-bearing structures continue to occur from time to time, severely impacting the residential environment. Public opinions and complaints are substantial, posing considerable challenges to urban management and law enforcement. Anchored in addressing the direct needs of the public, Shanghai's urban management team focuses on decentralizing the emphasis of social governance, actively involving the workforce in the governance of residential neighborhoods, conducting specialized law enforcement in these areas, and striving to bridge the "last mile" in serving the public. The goal is to enhance the functions of urban management and law enforcement, strengthen proactive governance, tackle issues at the source, implement systemic governance, improve the mechanism for serving the public, implement measures for the convenience and benefit of the public, and significantly improve the effectiveness of law enforcement. The aim is to address the urgent and difficult issues faced by the public, effectively raise the citizen complaint resolution rate, and enhance overall satisfaction among the public.

第一节
Section 1

毁绿占绿不可取、不该为
Avoiding Destruction and Occupation of Green Spaces

社区绿色环境与居民生活质量息息相关。优美的环境令人心情愉悦，而破坏绿化的行为不仅影响美观，更有可能涉及违法。《上海市绿化条例》规定：禁止擅自迁移树木；禁止擅自砍伐树木；禁止偷盗、践踏、损毁树木花草，借用树木作为支撑物或固定物，在树木上悬挂广告牌，在树旁或绿地内倾倒垃圾或者有害废渣废水、堆放杂物等。对此，上海城管部门一方面对于群众所反映的意见及时响应、及时处理，严厉打击擅自损坏城市绿化行为；另一方面组织相关的普法活动，进一步提高广大群众守护绿色环境的意识。

2023年初，虹口区江湾镇街道综合行政执法队接到一个12345的投诉，举报虹湾路小区物业绿化处有人摆放鱼缸。执法队员立即赶往现场，经过现场检查，该处公共绿地位于楼房北侧，属于小区共用区域。此处放置有一个鱼缸，里面饲养着观赏鱼。鱼缸此时正放在花坛内的排水沟上，此处不仅放置有盆栽而且该区域外侧墙上装有水龙头。鱼缸和水龙头皆为王某擅自所置。执法人员现场告知业主该行为涉嫌擅自占用物业共用部分，当场开出了谈话通知书和责令整改通知书。

王某辩解道，此处为自己屋子门前，自己在这里养鱼又没有碍着别人什么事，凭什么搬掉鱼缸、拆掉水龙头？执法人员耐心解释，这块绿化地属于小区33号楼前的物业共用部分，并不属于业主个人，王某没有经过与相关部门审批，也违反了小区共同公约，属于擅自占用行径，违反了相关规定。

王某面对执法人员的宣传教育，情绪比较激动，拒不整改，表示自己从小到大，住了这么多地方，自己门前的地方就是属于自家的。执法队员多次上门劝说："老大爷呀，现在时代变化，所有规定都是逐渐完善的，从前这样做没人管不代表您做得对，现在已经指出来了您这样的行为不对，这是违反了法条。"

经过了执法队员和物业多次的劝说，坚持做思想工作，王某慢慢转变想法，深刻认识到自己的错误，最终决定配合执法人员拆除自行安装的水龙头，搬走自家的鱼缸等物品。而后，执法人员也走访了小区居委，也从居委干部处了解到王某在新冠感染疫情期间一直积极做志愿者，协助居委为小区作出重大贡献，之后王某也积极配合在规定期限内自行整改了上述违法行为，所以城管执法人员也对王某的违规行为予以从轻处罚。

因为虹湾路上有许多动迁安置房，部分住户住在老旧小区，习惯了原本认为的"自己门前自家地盘"，存在一些不文明的现象，所以才会理所当然地认为家门口的绿化属于自己可支配的领域，要想转变群众的想法，需要执法人员做到深入基层，持之以恒地进行法制宣传教育，打造社区共治共建共享的氛围。

松江区岳阳街道南龙潭苑小区因小区内部分绿化修剪"过头"而引起居民的不同意见。有人坚决反对，有人却拍手称快。反对者表示以前枝繁叶茂的树木被剃成了"光头"，影响美观，还非常担心树木的后续生长情况，担心不能存活。支持者认为部分树木过于高大茂密，不仅影响采光，晾晒的衣服也经常沾上鸟粪，对于满足居民实际需求的树木修剪大力支持。

松江城管岳阳中队接到市民投诉，第一时间到场进行实地勘查，养护单位除已实施修剪的树木外暂停施工。后经调查及绿化部门认定，该小区养护单位在实施修剪的树木中，部分树木修剪不符合《上海市居住区绿化调整技术规范》，部分树木确实存在过度修剪的情况。

"我们本来觉得这次手续做得很齐全，没想到一件好事搞砸了！"南龙潭苑小区因部分树木枝干比例失调并出现顶端枝叶茂盛，严重影响部分居民室内采光、通风，小区住户也多次向业委会反映要求对树木进行修剪。本次树木修剪进行了业主的意见征询，征询意见同意率达到 2/3 以上，并在小区予以了公示。业委会也聘请了有资质的养护单位对于树木实施回缩修剪，但在实际修剪的过程中，部分树木修剪存在过度修剪的情况。

养护单位负责人表示，一方面考虑老旧小区相关经费较为拮据，委托方想要修剪后能在较长时间内解决居民采光被遮挡问题，另一方面现场考虑树木高低不同，本想要修剪到统一高度，使后期树木形态更为美观，所以虽然合同约定了按照回缩修剪的程序实施树木修剪，但在实际操作中部分树木出现了过度修剪的情况。

松江城管执法队员在小区整治毁绿问题

最终，在城管执法人员的介入下，居委会、业委会、物业公司再次沟通、商讨，听取了反响较大的居民意见。养护单位也将回缩修剪2至3年后树木的生长情况和常规修剪的状况形成图片直观地展示给居民，对后续树木修剪方案进行调整。

针对养护单位在本次养护过程中未按照技术标准进行养护的行为，城管执法部门依据《上海市绿化条例》的规定予以了处罚。养护单位也在城管部门的督促下对于已实施修剪的树木采取了涂抹伤口修复液等补救措施。目前南龙潭苑被过度修剪的树木已长出很多枝叶，绿意满满。

小型灌木因丛生无明显主干，形态矮小，一旦被损坏也不会被轻易发现，但是这类看似轻微的损坏绿化行为，却破坏了社会环境。因此，长宁城管严厉打击擅自损坏城市绿化行为，倡议每位市民自觉保护身边的一草一木，了解相关法律法规，增强爱绿护绿意识。

2022年11月初，虹桥街道综合行政执法队队员在巡查中发现，安顺路某小区一幢楼的楼栋门口正在进行电梯井开挖施工。经查，施工单位在开挖过程中损毁了开挖处两侧片植灌木。经现场测量，被损毁的片植灌木共四处，总面积为10平方米，灌木高度为60厘米。经询问施工方，其承认在加装电梯施工过程中为了通行方便，挖掉了部分绿化作为通道使用。

2022年11月中旬，虹桥街道综合行政执法队责令当事人整改，并作出罚款4800元的行政处罚，当事人自行缴纳罚款，并在施工完成后，对绿化进行了补种，此案办结。

宝山部分城镇居民原为农户，特别是部分老年人，虽已搬入城镇住宅，但仍保留了种田种菜的习惯，加之节省家用的考虑，便把目光投向住宅周围的小区绿化。殊不知这种毁绿开垦、圈地种菜、把公共绿地当成自

宝山城管执法队员与志愿者在小区整治占绿问题

家"私家小菜园"的行为，既占用了公共面积，有碍整体环境美观，又侵害了其他居民的公共利益，还容易引发邻里矛盾，影响小区和谐。特别是浇灌味道刺鼻的"农家有机肥"和由此引发的脏乱差问题，更是对周围邻居和过往行人造成了危害。

2023年夏季，宝山区友谊路街道综合行政执法队结合"创全""巩卫"等工作，在炎炎夏日开启了"平安社区、整洁街面、规范行业"夏季专项整治行动，其中公共区域毁绿种菜就是重点整治内容之一。中队以"谊"家人城管社区工作室为平台，聚焦城管执法主责主业，对辖区内居委提供的42处毁绿种菜线索进行调查核实。

经执法队员实地勘察，发现部分小区内有居民拔除了原有绿化，代之种以青椒、茄子等作物，更有甚者在绿化带架设藤架种植丝瓜等爬藤类作物。

城管执法队员会同小区居委和物业，进行上门告知，宣教相关法律法规，并给予整改期限。遇到当事人无法自行处理或无人认领的点位，队员便协助清除。当毁绿当事人质疑询问情况时，队员便悉心解释，耐心劝导，最终大爷大妈们明白了毁绿种菜的危害，接受了执法队员的批评教育，并现场动手整改或是承诺尽快自改。

对毁绿种菜进行行政处罚是兜底措施，治本还需要加强事前宣传教育。要通过普法宣传让社区居民明白小区绿化的公共属性，不能随意破坏公共财产，让社区居民了解占绿毁绿的处罚标准，充分考虑违法的后果。

切切实实发生在身边的案例使大家更加深刻地了解到，不论是修剪，还是迁移、砍伐，都有一套法定程序需要遵守。对居住区绿化调整确有合理需求的居民，应先与业委会或物业沟通，由他们通过合法合规的程序申请并实施。业主应增强爱绿护绿意识和法律观念，切不可对小区绿化擅自处理。相关部门也要进一步推动社区"三驾马车"治理，共同促进居住区绿化管理工作规范化，更好回应、处置居民的合理诉求，保障业主的合法权益。

第二节
Section 2

电动自行车禁止上楼的疏堵之道
Solutions for Prohibiting Electric Bikes from Going Upstairs

《高层民用建筑消防安全管理规定》于2021年8月1日起施行，明确"禁止在高层民用建筑公共门厅、疏散走道、楼梯间、安全出口停放电动自行车或者为电动自行车充电"，引发广泛关注。

一方面，我国电动自行车的社会保有量约为3亿辆，成为重要的交通工具；另一方面，全国每年发生约2000起电动自行车引起的火灾，反映出较大的安全隐患。禁止"上楼"的新规落地后，电动自行车的管理如何做到疏堵结合？

2021年5月，成都某小区内，一名男子推电动自行车搭乘电梯时，车辆起火自燃，造成电梯内5人不同程度受伤。流出的视频监控画面中，火焰仅3秒就吞噬了整个电梯，这个场景让很多人心有余悸。

应急管理部公布的《高层民用建筑消防安全管理规定》明确，禁止在高层民用建筑公共门厅、疏散走道、楼梯间、安全出口停放电动自行车或者为电动自行车充电，违者最高可罚款1万元。该规定从2021年8月1日起施行，电动自行车禁止"上楼"的政策在全国落地。

静安城管执法队员整治电动车飞线充电

根据新修订的《上海市非机动车安全管理条例》，上海从2021年5月1日起就禁止电动自行车在建筑物首层门厅、共用走道、楼梯间、楼道等共用部位，以及疏散通道、安全出口、消防车通道及其两侧影响通行的区域、人员密集场所的室内区域停放、充电。此后，上海的小区普遍采取了人防和技防的手段堵住电动自行车"上楼"。

为消除社区私拉乱接电线产生的安全隐患，保障群众生命财产安全，闵行区吴泾镇综合行政执法队会同房管所、安监所、居委会、物业公司对飞线充电现象较普遍的住宅小区开展联合整治行动。执法队员采用疏导结合的方式，逐一排查清理，对安全隐患问题，做到发现一例、整治一例、教育一例，力争将隐患消灭在萌芽状态。为进一步强化辖区住户的安全意识，执法队员还上门宣传飞线充电的危险性，督促住户拆除整改，并在每个楼栋的单元口张贴"严禁飞线充电"的安全提示。同时，执法人员敦促物业在合理的位置安装充电桩，引导居民到充电桩充电，做拒绝飞线充电的责任人、监督人和宣传者。

徐汇城管把电动车安全使用的课堂开到了社区里。他们前往田林街道普法课堂为社区群众讲授了一堂"热点整治，新规解读"电动自行车停放与安全的专题法制讲座。徐汇区局法制科执法人员分别介绍了近阶段徐汇城管在执法违法搭建、群租整治、生活垃圾分类领域的执法情况及成效，并着重讲解了《上海市非机动车安全管理条例》，向居民群众普及相关法律知识以及日常安全出行的相关注意事项，如骑行电动自行车应佩戴安全头盔，禁止加装、改装电动自行车，禁止骑行非机动车时浏览电子设备以及非机动车乱停放等众多违规行为的处罚细则。

徐汇城管执法队员在电动车商铺进行安全检查

第三节
Section 3

对违规装修行为说"不"
Saying "No" to Violations in Decoration Practices

砌墙隔房、凿洞排管、装修噪声……整幢楼的 12 套房屋大规模"组团式"违规装修，令周边居民苦不堪言。2023 年，浦东新区祝桥镇综合行政执法队接到群众反映，施新路某小区内，同一时间段内有十几套房屋同时开展装修，每一处房屋内都有大面积改动。城管执法队员立即赶赴现场调查。

经排摸，正在装修的有 12 套房屋，均为同一承租人，每套房屋采用同样的装修方案，在原客厅增设隔间，且大量改动厨卫原布局，开槽铺设管道。虽然当事人并不承认装修后用途为群租，但根据相关法律法规，其装修行为已有多处属于违规装修。

为防止后续违法行为的发生，城管队员约谈当事人，对其行为可能产生的后果进行提醒，要求其在限期内对违法装修的行为进行整改，恢复原貌。最终当事人同意拆除违规装修的相关设施，并请求助拆。

2023 年 8 月，由祝桥镇有关部门牵头，对该处违法装修进行综合整治，组织施工人员对 12 套违规装修的房屋进行了协助拆除。城管队员现场向居民宣传了小区装修申报登记工作，要求物业加强履职，共创文明装修的良好氛围。

针对一些业主在住宅室内装饰装修时擅自敲掉承重墙等损坏房屋承重结构的违法违规行为，静安区天目西路街道综合行政执法队在住宅小区内开展了损坏房屋承重结构专项整治行动，切实保障群众财产安全和居住安全。

为推进整治，天目西路街道综合行政执法队中队召集辖区内所有住宅小区物业服务企业举行专项整治行动会，要求物业服务企业做好房屋装饰装修前的告知工作，告知装修居民在装饰装修期间禁止实施的行为。

根据相关规定，物业服务企业发现损坏房屋承重结构的情况，经劝阻

静安城管执法队员检查损害房屋结构问题

制止无效的,应在 24 小时内书面报告城管执法部门。

城管执法队员在华舟小区内巡查时,发现有一户业主正在进行房屋装修活动,遂进门开展执法检查。

经调查,该业主准备对自住房屋进行翻新装修,目前正处于拆旧过程中。执法队员在现场检查后虽未发现有损坏墙体等房屋承重结构的情况,但从防患于未然的角度向业主进行了普法宣传,告知其破坏房屋承重结构的危害性和所要承担的法律责任。让群众了解到"承重墙"不仅是墙,还包括墙、梁、柱、楼板,以及室内混凝土楼梯等各种住宅承重结构。这些承重结构均不能擅自拆、改,否则不仅会给自家房屋带来严重安全隐患,还会殃及所住楼宇其他住户房屋安全,可能会造成不可估量的生产和财产损失。擅自拆、改,损坏房屋承重结构的行为,轻则受到行政处罚,并且承担恢复墙体的施工费、材料费等;重则可能受到刑事追责和重大民事赔偿,得不偿失。另外,针对损坏承重结构的违法行为,城管执法部门还将对该房屋进行限制交易。

对于此类问题,静安区城管执法局在公众开放日活动中,积极开展普法宣传,向市民普及"损坏承重结构认定标准""违法建筑的认定与拆除程序"等热点问题的相关执法依据和法条细则,提升社会认知度、理解度。

青浦区盈浦街道综合行政执法队日常通过 12345 热线等各类渠道的诉件受理工作中,发生在房屋装修阶段的违法建筑、占用公共部位、改变物业使用性质、损坏房屋承重结构等问题比例居高不下。在房屋装修阶段如未能有效预防或及时制止违法行为,一旦房屋投入实际使用,无论业主在实施整改过程中承受的经济损失,还是城管部门的执法难度,都将大幅增加。

2022 年初,淀山湖大道沿线的首创繁花里小区正式交付,春节过后,小区迎来了业主进驻装修的高峰。盈浦综合行政执法队以先前发生的类似大批量违法行为引发的投诉和邻里纠纷为鉴,在繁花里小区一幢楼 24 户业主尚未正式启动装修前来到小区,对其物业工作人员、居民代表等开展普法宣传。城管执法队员邀请 8 名居民代表,及小区物业服务企业负责人等,共同至房屋现场查看。执法人员现场宣传相关法律规定,向业主明确装修过程中必须严格遵守装修协议,杜绝擅自损坏或占用绿地或公共部位,并通过讲解先前案例为业主们敲响警钟。同时执法队员也提醒物业工作人员加强日常巡查,及时发现、劝阻和上报占绿损绿、违法建筑、损坏房屋承重结构等违法行为,将问题遏制在萌芽状态。

居民代表表示,现场的普法宣传让业主们清晰地知晓了在装修过程中的各种"不可为",使业主们在即将开始的装修中有效"避坑",避免了因为对相关法律不了解而发生违法行为所带来的损失。盈浦综合行政执法队以更近距离、更直接易懂的方式为市民群众提供法律知识宣传普及,提升市民法律意识,加强事前干预,从源头上减少房屋装修期间违法行为的发生,共建"美丽家园"。

嘉定区嘉定镇街道综合行政执法队(嘉定镇城管中队)接到物业反映,清河路某小区101室正在违法搭建,遂立即赶往现场。经过初步检查,发现该业主在阳台边的公共区域搭建框架并在阳台处破墙开门,准

青浦城管执法队员在小区宣传装修注意事项

备搭建阳光房。工作人员第一时间对施工方及业主进行劝阻，要求业主立即整改，停止搭建并将阳台恢复原样。

执法队员上门复核时发现已经拆除外侧框架，阳台亦恢复。但是从与业主的交谈中，始终感觉业主"心不死"，还想搭建违法建筑，于是执法队员便多留了个"心眼"。在随后日常社区巡查过程中，执法队再次接到物业反映，该处业主果然抱着侥幸心理，趁着夜幕又偷偷将之前的框架搭建完成，有搭建阳光房的苗头。

此后，城管执法队员以及街道拆除违法建筑办公室工作人员再次上门约谈业主，业主矢口否认，称不是搭建阳光房，只作防盗设施。但这种"小把戏"怎么能瞒过执法队员的火眼金睛？城管执法队员告知业主该处为公共区域，目前框架非防盗设施，勒令该业主立即拆除，不可占用公共部位。工作人员再次上门复查，发现业主已经将框架拆除，完成整改。

此次违规装修整改工作中业主存有侥幸心理，抱着先假装配合再重新搭建的想法，和城管执法队员"躲猫猫"。嘉定区嘉定镇街道综合行政执法队（嘉定镇城管中队）持续加大违建巡查力度，一抓到底，以"零容忍"的态度，有效遏制了社区范围内装修搭建的违法违规行为。

第九章
Chapter 9

为工程建设划好天花板与地平线
Setting the Clear Boundaries for Construction Projects

在城市更新的过程中，随着城市现代化建设的迅速发展，市区内建筑施工工地逐渐增多。然而，城市建设工地扰民问题变得越来越突出，如施工噪声、扬尘污染等，严重影响了周边居民的健康和生活，也影响到城市环境秩序和运行安全。上海市城管执法系统积极开展建筑工地违法行为治理，坚持自治为先、法治为底、德治为基、智治为辅，开展专项执法行动，加强与建管、生态环境、交警等部门协作联动，利用管理与执法闭环衔接机制，针对工地扬尘在线设施运行情况、渣土运输车辆管理、场地裸土覆盖等方面进行重点检查和执法，督促施工单位依法文明规范施工，维护城市市容环境卫生，保障市民生活安全有序。

Amidst the urban renewal process, the increasing number of construction sites within the city has accompanied the rapid development of urban modernization. However, issues related to disturbances caused by urban construction sites have become more prominent, including construction noise and dust pollution. These problems significantly impact the health and daily lives of nearby residents, as well as disrupt the environmental order and safety of urban operations. The Shanghai urban management and law enforcement system actively addresses illegal behaviors on construction sites, adhering to the principles of prioritizing self-governance, establishing the rule of law, emphasizing ethical governance, and utilizing intelligent governance as a supplement. Specialized law enforcement actions are undertaken, collaborating closely with departments responsible for departments such as construction management, ecological environment, and traffic control. Leveraging a closed-loop connection between management and law enforcement, the system focuses on key inspections and enforcement related to the operation of online facilities for dust control at construction sites, management of soil transport vehicles, and proper soil coverage at construction sites. This approach urges construction units to conduct construction activities in a lawful and civilized manner, safeguarding the city's image and environment, ensuring the orderly safety of residents' lives.

第一节
Section 1

拒绝夜间施工,依法还"静"于民
Rejecting Night Construction, Lawfully Maintaining "Silence" for the Public

随着城市建设进程的逐步提速，人民群众对生态环境质量的期望越来越高，对生态环境问题的容忍度越来越低，噪声污染日益成为人民群众关注的重要环境问题。十三届全国人大常委会第三十二次会议通过的《噪声污染防治法》已于 2022 年 6 月 5 日起正式实施，为噪声污染治理提供了新招、实招，还静于民。

《噪声污染防治法》中明确，建筑施工噪声是指在建筑施工过程中产生的干扰周围生活环境的声音。为了防治建筑施工噪声污染，《噪声污染防治法》和《上海市环境保护条例》均规定了两种措施，即事先申报制度和禁止夜间施工制度。事先申报制度是指对于可能产生环境噪声污染的建筑施工，施工单位必须在工程开工前向生态环境部门提出申请。禁止夜间施工制度是指在城市市区噪声敏感建筑物集中区域内，原则上禁止夜间进行产生环境噪声污染的建筑施工作业，但抢修、抢险施工作业及因生产工艺要求或者其他特殊需要必须连续作业且取得政府或者有关主管部门证明的除外。其中因特殊需要必须连续施工作业的，应当在施工作业现场的显著位置公示或者以其他方式公告附近居民。

"金九银十"是房地产市场传统销售旺季，一些建筑工地为赶工期，在夜间时段擅自施工，严重影响了周边居民休息。2022 年 8 月 7 日，有市民通过 12345 市民服务热线，反映杨树浦路上某建筑工地夜间有施工作业，存在噪声扰民的情况。当日 22 时后，杨浦区城管执法局机动执法中队执法人员至该工地现场检查。城管执法人员发现该工地有工人正在进行电焊、钻机、挖土机操作等施工作业，现场施工负责人未能提供当晚夜间施工作业的相关许可证明。

经调查，该工地当晚施工单位为某建设服务中心，原本计划于当日 22 时前结束施工，但因工程进度耽误，于 22 时后继续使用大型器械施工作业。该工地周边有已建成的大型

杨浦城管执法队员检查工地噪声问题

住宅小区，且当晚的施工作业不属于抢修、抢险作业，产生的噪声严重影响居民休息。

该建设服务中心因未按照规定取得生态环境部门出具的证明，在噪声敏感建筑物集中区域夜间进行产生噪声的建筑施工作业行为违反了《上海市环境保护条例》的规定。杨浦区城管执法局依法对当事人作出罚款5万元的行政处罚决定。

随着上海五个新城建设的不断加快，噪声污染问题也日益突出。个别施工方为缩短工期，在夜间10时至晨间6时的禁止施工时间段内偷偷施工，对周边居民的工作、学习和正常休息都造成了严重影响。

松江区车墩镇南部大居作为一个重点工程，正在如火如荼地建设中。有居住在南部大居的居民来电投诉称其家里附近有工地半夜正在夜间施工，希望城管部门能帮他解决这个问题。接到投诉后，城管执法队员在工地监控软件上进行排查，未发现较大的数据波动。同时执法队员携带法律文书佩戴执法装备前往投诉人所说的工地检查，现场查看发现该工地有吊机和打桩机正在作业，并有强光照明。

城管执法人员当场固定证据并制作现场检查笔录和谈话通知书，要求该工地配合调查，同时立刻停止相关施工，停止夜间施工扰民。随后当事人接受调查并作出了相关整改，投诉人表示满意。重点工程施工时间紧、任务重，但这并不能成为夜间施工扰民的理由。上海城管执法部门非常重视此类违法行为，出现夜间施工的工地必须立即改正还周边居民清静，作出公正的行政处罚，杜绝此类现象出现反复。

松江城管执法队员在整治工地噪声问题

第二节
Section 2

管好扬尘，净化工地环境
Dust Control, Purifying Construction Site Environment

净化工地环境、渣土车辆扬尘污染治理是城市精细化管理能力的重要体现,也是打好打赢大气污染防治攻坚战的关键一步。对此,上海城管定期开展建筑工地防尘、防汛等普法及安全工作宣传。重点查处建筑工地夜间施工噪声扰民、未采取有效防尘措施等违法行为,有效解决施工扰民问题,提升文明施工水平。

2023年8月,浦东城管市容城建执法大队联合曹路镇城管中队,开展了渣土车辆扬尘污染问题专项整治行动。此次专项整治行动将队员分组进行夜间巡查,通过设卡检查,结合流动巡查,重点查处渣土运输车辆未保持车身整洁、跑冒滴漏、未采取密闭措施、无证运输等违法行为。

此次行动通过检查出土工地渣土装载量,从源头规范车辆运输,杜绝超载行为,同时重点检查工地及卸点双方进出口冲洗设施的落实情况,切实保证车辆车身整洁,杜绝跑冒滴漏现象的发生。执法队员们充分发挥自身优秀的专业素养和执法能力,严格执行"逢车必查,有违必究"的原则。在金海路滨源公路口设卡拦停渣土运输车辆后,对车辆是否持有合法运输证件、有无采取密闭措施、车身是否保持整洁防止渣土抛洒滴漏等相关行为进行了详细检查,同时也提醒告知了渣土运输车辆司机们相关法律法规,要求其负责好自身车辆,做到合法合规经营。

浦东城管执法队员检查渣土车辆

杨浦城管执法队员用无人机巡查工地

针对金海路发生的渣土运输车辆污染城市道路市容环境的突出问题，市容大队深刻认识到数字化手段对于传统执法方式的赋能意义，积极研究反制措施。在龚路公路关节点安装龙门架视频分析设备，利用智能化手段实时动态监测渣土车辆运输违规行为，并研究执法车辆升降视频设备流动监测可行性方案，一旦获得突破将大幅提高智能监管的有效覆盖面。

杨浦区城管执法局自 2023 年 5 月起针对未采用密闭式防尘网遮盖建筑土方、建筑工地向外排放粉尘等八类突出问题，开展为期三个月的在建建筑工地专项执法检查整治行动。

杨浦城管以片区为单位，定期通报检查进展，全程把控进度，确保提前完成专项任务。同时，局职能科室开展专项执法行动系统操作培训，指导检查人员规范操作，确保提升检查进度。

检查过程中，杨浦的机动执法中队采用"飞行检查＋地毯式排查"相结合的模式，对区域内 66 个在建工地开展全覆盖排摸、检查。一方

167

面,结合分级分类监管工作关联风险等级,对存在出土等高风险情况的对象实施重点关注,强化全过程执法监管,从源头消除违反文明施工规定的突出问题。

另一方面,运用无人机巡查的方式,对施工现场进行全景拍摄,全部施工作业画面一览无余。对现场裸露土地覆盖、围挡设置、材料堆放等进行高分辨率特写拍摄,精准定位问题隐患,实时发现问题,有效固化证据,提高专项执法整治效能。

金山城管机动中队执法人员至某建材公司露天仓库进行检查时发现,该公司将易发生扬尘的物料大面积露天堆放,且未采取有效覆盖措施防止扬尘污染,导致起风时大量扬尘飘散,造成大气污染。执法人员当即对该违法行为进行立案查处,责令该企业立即采取有效扬尘污染措施。同时约谈该企业负责人,对大气污染防治法中的相关内容进行了解读和普法。当事人充分认识到了违法行为带来的危害性并表示将积极配合整改。经复查,该露天仓库已按要求完成整改。

松江城管永丰中队接到上海市住房和城乡建设管理委员会"管执联动"程序派发工单,反映长谷路某在建工地存在未安装(少安装)扬尘在线监测设备的情况。执法人员至现场查看发现,该工地为某建筑工程有限公司的在建项目,在工地主出入口安装有一个扬尘在线监测设备,但并未正常开启,其余位置未发现扬尘监测设备。

根据《上海市房屋建筑工地扬尘污染防治工作方案》规定:占地面积在10000平方米以上的建设工程,每增加10000平方米必须增设1台(套)扬尘在线检测系统。检查现场,执法队员发现该工地占地面积34000余平方米,却只安装了一套扬尘在线检测系统。执法队员约谈工地负责人,向其详细解读了相关法律法规,并责令其按照要求再增设3套监测系统。同时,针对工地违规行为,执法队给予了行政处罚。工地负责人表示,将积极配合执法工作,并及时整改存在的问题。执法队员到现场复查时,该工地已按照要求增设了3套检测系统。

第三节
Section 3

治好渣土，建筑垃圾勿乱倒
Proper Disposal of Construction Waste, No Littering

建筑工程垃圾是指建设工程的新建、改建、扩建、修缮或者拆除等过程中产生的弃土、弃料和其他废弃物。随着环境保护的受重视程度越来越高，促进建筑工程垃圾的源头减量减排和资源化循环利用，成为维护城市市容环境卫生的重要环节。

城市的更新和发展离不开建筑业的加速推进，随之而来的是建筑工程垃圾体量的飞速增长，如不进行资源化循环利用，必将给社会、环境和资源带来不利影响。对此，上海城管执法部门依法履责，着重对建筑工程垃圾的运输环节进行检查和执法，保证辖区内的建筑工程垃圾得到合理处置。

为进一步加强建筑垃圾治理，规范建筑垃圾运输秩序，严厉打击违法违规处置行为，净化城市市容环境。2023年，真新街道城管中队在嘉定区城管执法局的统一部署下，自3月1日起在辖区范围内开展为期一个月的建筑垃圾（装修垃圾）专项执法整治行动。

中队制定了专项行动方案，由中队领导带队，机动组组长负责组织落实，整治时间为一个月，聚焦沿街商铺、商业体、拆房工地、住宅小区内产生的装修垃圾，杜绝随意堆放装修垃圾，打击擅自委托运输和处置建筑垃圾，擅自倾倒、抛撒装修垃圾，产生单位、个人不分类投放，物业服务企业等装修垃圾投放管理责任人未对装修垃圾堆放场所进行覆盖、遮挡或者密闭等违法行为。

中队按责任区划分对沿街商户、商业综合体、拆房工地、住宅小区加强巡查发现，摸清装饰装修底数，同时对当事人进行宣传引导，告知产生的建筑垃圾应当委托取得建设工程垃圾运输许可证的单位运输，垃圾应堆放在固定地点设置围挡，并及时清运。后期执法队员将根据排摸情况，对装修点位加强执法检查，每周开展至少两次专项执法检查行动，对发现的问题坚决从重从严处理，凡发现偷倒乱倒、无证运输的，一律依法暂扣车辆。

中队采取日间流动设点与夜间突击检查相结合的方式，组织开展集中整治行动，在金沙江路、祁连山南路等车辆途经密集处设置渣土车检查点和流动检查点，严格落实逢车必查，重点加强对非环卫作业车、非

青浦城管执法队员检查渣土情况

嘉定专营运输车、"红皮车""小金刚"等建筑垃圾运输车辆的执法检查。一个月内,累计检查运输车辆 21 辆,立案查处 4 起。

按照规定,建设工地产出的建筑垃圾须办处置证才能运输,那么运输挖掘道路产生的垃圾是否也需要处置证呢?

青浦城管机动中队执法人员在沪青平公路祥凝浜路路口看到有一重型自卸货车正在路面上行驶,发现该货车内装有建筑垃圾。车辆驾驶员现场辩解说这是挖掘道路产生的垃圾,不知道也要处置证。中队执法队员解释了挖掘道路产生的垃圾也属于建筑工程垃圾,是需要办理处置证后才能运输的。中队执法队员在经调查之后对其运输公司进行了相应的行政处罚。

建筑工程垃圾是指建设、施工单位或个人对各类建筑物、构筑物、管网等进行建设、铺设或拆除、修缮过程中所产生的渣土、弃土、弃料、淤泥及其他废弃物。所以挖掘道路所产生的垃圾也属于建筑工程垃圾,需要办理处置证才能上路运输。即使办理了渣土处置证,也要在渣土运输、处置的过程中做好相应的措施，杜绝"跑、冒、滴、漏"现象的发生。

2023年，"上海城管"App增加了"建筑垃圾交警联动"模块，依托市交警总队监管指挥系统和市城管执法局综合指挥监管平台，以建筑垃圾运输车辆为重点，通过发现、派单、响应、移交、办案、反馈等环节，加强城警联动，快速查处建筑垃圾运输车辆违法违规行为。

智慧城管通过以下几步来助力城市建筑工地的环境治理：一是智能监控与预警，通过安装传感器设备，实时监测工地污染物排放、施工扬尘等情况，并通过数据分析和算法优化，预测污染物扩散范围和影响，提前预警，减少可能带来的负面影响；二是远程指挥与调度，利用上海市城管执法局"智慧城管"平台，实现对城市建筑工地的远程指挥和调度，包括对工地在场工人的视频监管，对施工进度、安全和环保情况进行实时管理和记录，并根据需要下达指令和调整施工计划；三是信息共享与协作，通过建立城市建筑工地环境治理的信息共享平台，实现各相关部门之间的信息共享和协作，并通过云计算、大数据分析等技术，构建城市建筑工地环境治理的智慧化平台，实现可视化、智能化的管理；四是配套政策与标准，制定相关的政策和标准，对城市建筑工地环境治理中的相关问题进行明确规范和管理，并通过不断优化和完善智慧城管技术，提高城市建筑工地环境治理的效能和水平，为建设美丽宜居的城市作出贡献。

2023年6月，嘉定城管马陆中队运用"建筑垃圾交警联动"模块，第一时间作出响应、第一时间到达现场、第一时间进行移交、第一时间立案查处，当日移交、快速立案查处了一起涉嫌未取得建筑垃圾处置证擅自承运渣土的案件。

6月29日15时许，嘉定区公安交警部门在澄浏路丰登路发现一辆运输建筑工程垃圾的车辆，牌照为沪FS****，正在承运工程渣土。检查发现，这辆车所属单位为某土石方工程有限公司，车辆驾驶员现场无法出具工程渣土处置证。随后，交警部门"建筑垃圾交警联动"模块进行案件移交。

当日16时许，马陆城管执法队员接单后，立即赶到现场，开展现场

嘉定城管与公安部门联合检查渣土车

调查。经查，该车辆装运了半车浏翔公路修路挖出来的渣土，准备运往马陆某停车场中转，稍后再运转。进一步核实，其所运输的建筑工程垃圾并未取得建筑垃圾处置证。马陆城管中队对该土石方工程有限公司开展相关法律的宣传教育，并开具法律文书进行立案查处。

依托城管执法信息系统、平台和数据库，城管执法部门持续与各执法单位保持信息互通，加强部门协同联动，不断提高城管执法效能。通过把非现场执法、管执联动、电子送达等信息化手段运用到建筑垃圾治理的执法办案实践中，执法队员能够第一时间作出响应、到达现场并立案查处，还对建筑垃圾产生源头及卸点进行了溯源，实现了对乱倒渣土和建筑垃圾等违法行为的高效治理。

第四节
Section 4

安全为先时时牢记在心中
Safety First Always Remembered

安全是建筑工地的重中之重。为了加强对辖区内建筑工地安全的宣传教育，提高工地从业人员的安全意识，上海城管执法系统积极开展宣传告知活动，进一步提升建筑工地的安全生产水平。

徐汇区华泾镇综合行政执法队深入各个建筑工地，与工地管理人员和从业人员进行面对面的交流。燃气安全是宣传告知活动的重点内容之一。执法队员们通过详细讲解和案例分析，向工地人员普及燃气安全知识，以及如何及时发现和处理燃气泄漏等紧急情况。

随着城市建设的快速发展，道路施工不仅关系到城市文明形象，更与人民群众日常出行安全息息相关。但在施工过程中，一些施工单位为了抢工期、抢进度，未经审批擅自施工的现象也时有发生。

2023年5月，徐汇城管机动中队会同徐汇区市政管理中心，在夜间对深井敷设管线和电力架空线入地情况进行专项执法检查，全力维护城市环境和运行安全。这次行动重点围绕上中西路段、平福路、复兴西路、南丹路等重点路段，根据《城市道路管理条例》《上海市无障碍设施建设和使用管理办法》《上海市市容环境卫生管理条例》等，着重对施工现场

徐汇城管执法队员进行道路施工安全检查

是否设置安全设施,是否直接在路面拌合混凝土,是否擅自占用无障碍设施、损毁窨井盖、挖掘城市道路,履带车是否擅自在城市道路上行驶,是否取得建筑垃圾处置证等方面开展执法检查。

执法人员通过法律法条讲解、案例解析、现场答疑等多种形式向施工人员进行了送法送服务上门的普法宣传。同时还提醒督促施工方要做好自检自查,从源头上杜绝违法行为发生,做到规范施工常态化,从而确保工程项目顺利推进。

徐汇城管机动中队不断加大对道路施工的执法检查力度,聚焦擅自占用无障碍设施、损毁窨井盖等多发问题,协同各相关职能部门重拳出击道路施工中存在的违法违规问题。同时,集中对相关施工道路开展送法送上门服务,强化对施工单位建筑施工作业的长效管理。

松江城管执法队员进行工地安全检查

"你好,我们是洞泾城管中队的执法人员,这是我们的执法证件。"在项目建设施工现场,松江区城管执法队员在工地项目负责人的带领下,对工地出入口公示栏上的施工铭牌、建筑工程施工许可证和扬尘污染防治方案内容等是否及时张贴公示,以及该公司施工安全文明管理情况台账进行细致检查。随后,执法人员对该公司项目污染物排放自动检测设备、安全网、脚手架杆件等情况进行了现场检查,督促 24 小时开启污染物排放自动检测设备,并保持与环保部门实时联网。在检查过程中,执法队员对在建工地存在未按规定设置安全警示标志、施工人员未佩戴安全帽等安全隐患和违规行为与相关责任方进行沟通,责令其限期整改,并制定了具体的整改措施和时限。

工地现场的安全文明和标准化程度直观反映出项目现场的管理水平。为进一步加强建设工地管理,推动各工地文明施工,并有效遏制在建工地在施工过程中可能发生的各类违法行为,上海城管执法部门通过加强工地巡查力度,并与公安、消防等部门建立联勤联动机制,对工地存在的安全隐患保持零容忍的态度,提高工地人员的安全生产意识,守住建筑工地安全底线。

第十章
Chapter 10

重大项目保障「来之能战」
"Ready for Fight" for Major Projects

从连年举办的中国国际进口博览会,到"花开崇明"的第十届中国花卉博览会,对重点活动的保障工作一直是考验队伍战斗能力、执行能力的重要试金石。对于上海城管而言,重大项目保障不仅是一场场关键的测试,在这座社会主义现代化国际都市重点活动缤纷繁多,保障能力更是日常工作中不可或缺的一部分。"来之能战、战之必胜",铿锵有力的话语体现了上海城管优良的业务作风和扎实的工作能力,也是在人民城市建设中对中外来宾和上海市民展现的精彩形象。

全面排摸、集中整治、巩固提升、全力保障……上海城管执法系统对重大项目保障工作有序、分阶段推进。从举世瞩目的全球盛会到年节假日、重大活动,上海城管执法部门都坚持高标准、严要求,做好重大项目的保障工作,打造亮眼的城管保障品牌。

From hosting China International Import Expos on a yearly basis, to the 10th China Flower Expo under the theme "Flowers Bloom in Chongming," ensuring the success of key events has consistently served as a crucial test of both the team's capability to handle challenges and execution capacity. For the Shanghai urban management and law enforcement department, ensuring the success of major projects is not only a series of critical tests but also an indispensable part of their daily work in this socialist modern international metropolis, where diverse key events take place. The statement "We can fight and we will win" reflects the excellent professional style and solid work capabilities of the Shanghai urban management and law enforcement system. It's also a splendid image to both domestic and foreign visitors and the citizens of Shanghai, in the construction of the people's cities.

Conducting comprehensive assessments, centralized rectification, consolidation, and full-scale guarantees – the team systematically advances the stages of ensuring the safety and orderness of major projects. From globally acclaimed events to local festive holidays and significant activities, the Shanghai urban management and law enforcement department consistently adheres to high standards and requirements, ensuring the success of major projects and establishing an impressive brand in urban management support.

第一节
Section 1

越战越勇保障进博会
Safeguarding for the Import Expo

每年的金秋时节,世界上首个以进口为主题的博览会——中国国际进口博览会(以下简称进博会)都会在上海举行。要办出水平、办出成效、越办越好,习近平总书记的嘱托也对上海进博会的城市保障工作提出了要求和期待。城管执法部门就是城市保障中不可忽视的一支重要力量。

关于城管执法部门的进博会保障相关工作,涉及青浦、闵行、嘉定、长宁四个核心区的八个街道,城管队伍成立工作组进驻进博会现场。实现全区保障,不仅进博会核心保障区域的 86 平方公里范围,全市范围都是重点保障区域。

首届进博会期间,上海城管全系统成立了 6 支"进口博览会城管执法保障突击队",调集市局执法总队和青浦、闵行、嘉定、长宁四个区局和机场执法支队等 260 名城管执法队员,加强核心保障区执法保障。展会期间,上海城管执法系统全员动员、全员上岗,全力以赴做好办展期间的现场执法保障工作。成立由市局主要负责人任总指挥,相关处室、执法总队、部分区局、机场综合监察支队负责人为成员的进博会城管执法保障工作指挥部,抽调专人进驻虹桥商务区现场进行办公,统筹协调指挥进博会城管执法保障工作。

上海市城管执法总队进入进博会内场巡查

按照展期内应急处置方案，结合城管执法工作实际，会期内由低到高实施三级、二级和一级城管执法应急响应措施。如当进博会重点保障区出现数量较多的占道设摊、乱张贴、乱悬挂、乱散发等严重影响市容环境面貌的违法违规行为，将启动三级应急响应，此时中队领导应迅速到达现场组织指挥应急处置工作，区城管执法局（机场执法支队）将视情况组织应急分队到现场协助处置。

临近展会的一个月内，上海城管执法部门实行全员上岗，全面提升勤务工作等级。其中，对国家会展中心、虹桥商务区核心区、交通枢纽、主要交通出行道路沿线、接待宾馆等进博会重点区域实行一级勤务等级保障模式，采取 24 小时全天候、全方位、全覆盖方式进行执法管控，确保 15 分钟内能够发现违法违规现象、30 分钟内完成执法整治，让城市环境面貌整洁靓丽。

首届进博会开幕当天早 7 时 30 分，6 支"进口博览会城管执法保障突击队"分赴国家会展中心、虹桥商务区、虹桥交通枢纽等区域，进入各个既定岗点和重要路段，确保进博会展馆周边环境面貌整洁靓丽。当天，上海市城管执法局、市局执法总队机关同志继续全员上岗，部分机关人员还到淮海中路、南京东路步行街、浦东世博园区等重点区域，督导、增援各区执法保障行动。

进博会是世界了解上海的"窗口"，上海城管借此机会积极做好便民服务工作，向中外宾客展现上海城管执法队伍的良好形象。

在青浦，有一支"进博会青浦城管执法女子特勤队"，共由 16 名女同志组成，包含街镇基层城管中队、机动中队、局机关等女性骨干力量，是一支临时的机动队伍，还曾荣获"上海市巾帼文明岗"称号。巾帼不让须眉，她们代表着女性城管风采。

这支队伍人才辈出。沈戌是青浦区城管执法局机关党支部书记，曾是上海世博会旗手、"环球小姐"，现为女子特勤队队长。作为一名"90后"，她常常克服年轻人的局限，勤于思考，比别人付出更多的时间和精力，带好特勤队。作为一名新晋的母亲，她牺牲了很多陪伴孩子、照顾家庭的时间，只要工作有需要，她总是义无反顾。

进博会青浦城管执法女子特勤队在检查垃圾分类

会展前期,女子特勤队员常会飞行检查"四叶草"垃圾分类,严防生活垃圾混装混运及擅自处置等。会展期间,女子特勤队扎根"四叶草",入馆督促餐饮企业履行职责,加强内部管理力度,及时建立台账、办理申报手续,守护进博参展人员"舌尖上的安全"。

在进博保障的"延展区",女子特勤队针对街面市容秩序以及生活垃圾分类等,参与专项整治行动。在对发现的各类市容问题进行查处的同时,督促各沿街商铺严格落实"门前三包"责任制。

除此之外,还有一支为进博会保障而成立的青年队伍,他们是上海市城管执法局执法总队啄木鸟服务队。"我们选择啄木鸟作为名字,是希望既能做到立足本职刻苦工作,也能在平常主动作为勇担责任。"上海市城管执法局执法总队团委书记顾宗杰说。

在2019年11月举行的第二届进博会上,啄木鸟服务队的部分队员进入场馆工作,还遇到了与垃圾分类有关的趣事。上海市城管执法局执法总队队员刘荣杰回忆道:"当时有一位外地的客人,看到我们在垃圾桶边检查分类工作,特地过来向我们讨教,他把饮料瓶里的饮料倒入湿垃

上海市城管执法总队啄木鸟服务队在进博会场内检查商户

圾桶,再把瓶子扔到可回收垃圾桶,问我们这样对不对,其实最佳的做法还要把瓶子上的标签撕下来扔到干垃圾里。"

进博会场馆较大,周边区域交通也比较复杂,市民来宾看到穿着制服的城管执法队员,常常会来问路。队员们就主动承担起一部分志愿服务指路的职责,在早8时到晚8时的执勤时间之外,主动熟悉地形,还联系了交通管理部门,实时了解交通管制的情况。城管执法队员汤哲群说:"我在指路的时候还碰到了日本来宾,尝试着说了许久不用的日语,好在基本功还没忘。"

第二节
Section 2

"城管侠"用心用情保障花博会
"Urban Management Heroes" Ensure the Flower Expo

出动执法人员6631人次,全天12小时投入执法保障和为民服务工作,开展执法检查1614次,立案查处无序设摊2起,为游客提供便民服务8837人次,接获12345市民热线表扬2起、锦旗1面……这是第十届中国花卉博览会(以下简称花博会)上海城管部门交出的成绩单。

为了加强花博会城管执法保障工作,营造良好的入园游园环境,上海城管执法系统从执法总队、浦东、宝山、闵行、普陀、虹口、崇明区城管执法局7个单位抽调200名业务骨干,组建花博会城管执法保障大队,以优良的工作作风、过硬的工作本领、一流的服务水准助力花博会成功举办。

根据花博会运营保障需求,执法队员们分别在园区内、出入口及周边主要道路等16个点位开展执法保障工作,综合采取固守、步巡、车巡、视频巡逻等多种方式,提高执法巡查效能,及时发现查处生活垃圾混投、

崇明城管执法队员保障花博会成功举办

流动兜售、非法小广告等违法行为，及时教育劝阻采摘花朵、践踏草坪、折损树枝等破坏绿化行为，以及乱扔垃圾、随地吐痰等不文明游园行为。

城管保障队伍里，分别来自上海市城管执法总队和崇明区局的姚尧因为同名同姓，上演了一段"此'姚尧'非彼'姚尧'，同姓同名助力花博保障"的城管故事。

上海市城管执法局执法总队的姚尧"而立"时巡查过世博会"世博大道"，"不惑"时守护过进博会"四叶草"主会场，如今又作为花博保障大队第十四中队中队长，站上了花博会执法保障现场，继续谱写着一名城管老兵的辉煌。

面对花博会客流大、会场面积大，又逢高温、梅雨季节等困难，怎么干、干什么，如何均衡人少事多任务重的执法力量安排，一连串的问题并没有难倒有着丰富大型活动执法保障经验的姚尧。工作伊始，他从熟悉队员、熟悉岗区、熟悉工作内容"三熟悉"着手，勤于思考，积极寻找解决问题的有效途径，并结合每位队员特点和岗位需求合理安排工作、制定科学勤务计划，从管人、管事、管用三个角度，立足城管执法

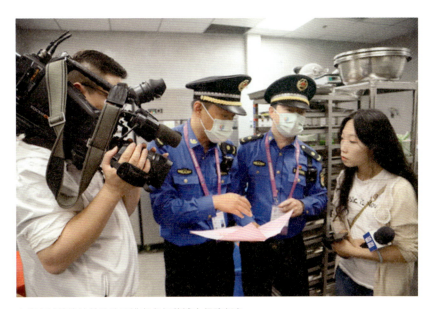

上海市城管执法总队队员姚尧参与花博会保障任务

崇明城管执法队员姚尧参与花博会保障任务

特点和美食广场岗区客流特点,着重从垃圾分类、餐厨垃圾收运、游客问询指路等方面开展工作。同时,他还结合自己在市局督察支队的专业知识,带领队员们采用电动车车巡和定点固守相结合的方式,对大到餐饮商家店招店牌、垃圾厢房的分类情况,小到园区运维后遗留的占道堆放的电线、杂物,甚至是每个商家的垃圾桶,都以实效督察的角度严格要求,不曾放过分毫。

与执法总队姚尧相比,2020年3月才入职的崇明区局城管队员姚尧称得上是一名不折不扣的新兵,他很珍惜这次难能可贵的花博会执法保障的工作机会。

进入花博会参加执法保障工作,他被安排在外围机动组巡查道路,深谙勤能补拙的道理,从不因为自己是个新人而在工作中放不开手脚,熟悉城市管理相关的法律法规,注重向身边的老队员学习,通过他们的传帮带,尽快提升自己城管执法实践能力和水平。在执法巡查中,他还善于用细心发现问题、解决问题,用爱心为每一位花博会游客提供热情周到的问询服务，更用责任心认真履职，及时处置乱堆物、车辆乱停放等市容环境违法行为，用脚步丈量着城市，用汗水见证了成效，用自己的努力和追求书写着花博会执法保障的青春故事。

上海花博会的保障部门接到12345市民热线反馈，有市民来电反映，6月1日傍晚，在花博会游玩结束，一直打不到车，非常焦急，后有城管队员开车将其送至目的地，车牌为沪EF****，因下雨工号没看清楚，特地拍下车牌，来电对其表示感谢，请核实处理。

经过核实，当天负责开车的是闵行城管队员陈章雷。崇明区的重点活动，闵行城管执法队员怎么出现在花博会现场？原来，为了支援花博会保障工作，全市城管执法系统都来帮忙，闵行区选派了16名城管队员奔赴崇明，全程参与花博会城管执法保障工作，队员们被安排在各个外围机动组中，工作中与崇明区城管队员密切配合，完成各项工作任务，陈章雷就是其中一员。

为确保花博会顺利开展，崇明本地的城管执法队员打起十二分精神。新海镇城市管理行政执法中队深入梳理、排查道路环境秩序存在的问题隐患和短板弱项，以更加精确化的施策、精准化的执法、精细化的管控，实现"脏乱差区域基本消除，城市环境面貌有效改善，市民群众满意度稳步提高"的目标，持续加大花博沿线市容环境综合整治力度。

城管执法队员根据花博园重点地区"三纵五横"道路以及进镇道路清单，重点加强了新海辖区内北沿公路、长征公路、星村公路等主要道路沿线的市容环境整治。城管队员对长征公路占道水果摊商户进行教育劝说，使其认识到了占道设摊行为的危害性，并及时撤摊。城管中队对标最高标准、最高水平，精心制定工作方案，调整人员部署，抽调2名执法骨干进组花博大队，其余人员分成2个执法保障小组，每日对沿街商铺、道路运输行业、毗邻交界区域、景区及周边以车巡及固守勤务方式开展花博会保障工作。

处罚永远都不是执法者的最终目的，最终的目的是教育。中队坚持打击有力度、执法有温度，小惩大诫，处罚与说服教育相结合，在执法过程中转变了执法理念，展现了法内柔情，树立了为民服务意识，构建

崇明城管执法队员在新场镇保障花博会环境

了服务型执法体系,谱写了一曲执法为民保畅通的新篇章,充分展示了执法队伍的形象和执法水平。

从城市的外在美到城市的内在美,从城市的建筑美到城市的文明美,在持续深入开展花博会专项整治工作的带动下,新海中队不断努力让每个群众都感受到城市管理的温度,增加对城市管理的认同感和归属感,做一名有温度的"种花匠",守护花博会美丽绽放。

第三节
Section 3

节假日、高考日，重点时段总有城管身影

Urban Management Figures in Key Periods, Including Holidays and Gaokao Days

每到春节、五一、十一等重要节假日，以及党代会、全国两会等重大活动期间，上海城管执法部门积极投身执法保障，近年来年均出动执法人员超过150万人次，巡查主要道路、红色文化场所、旅游景点、商业街区、建筑工地等区域，并教育劝阻违法相对人。

多年来，上海城管执法部门积极开展绿色护考行动。各区城管执法部门主动与区教育部门和考点学校进行工作对接，听取其对环境保障的意见、建议，结合城管执法工作实际，制定目标明确、措施有力的绿色护考行动方案，配齐配强执勤值守、机动巡查等力量，确保服务保障工作落地见效。

2023年6月7日，随着答卷铃声响起，全国高考正式拉开帷幕。考场内，莘莘学子奋笔疾书、追逐梦想，用手中的笔书写着青春拼搏的答卷；考场外，上海城管履职尽责、倾力护航，用无私奉献和辛勤汗水交出一份守护高考的满分答卷。

高考前，上海城管对学校考点周边道路及沿街门店逐一进行宣传并发放绿色护考告知单和张贴《告居民书》，倡导居民自觉配合做好周边环

闵行城管执法队员护考

长宁城管执法队员护考

境整治工作,特别是严禁考试期间在考场周边产生各类影响考生考试的噪声。为防止夜间施工噪声影响考生休息,上海城管在考试前夕针对建筑工地进行排摸走访,要求其调整工期,夜间禁止施工,以免影响学生休息。同时加强对校园周边建筑施工工地的巡查,最大限度地降低噪声对考生的影响。集中力量对考点周边的占道经营进行拉网式集中整治,取缔考场周边流动商贩,净化考场周边环境,确保考点周边环境整洁有序。

城管执法部门积极行动,采取定点值守、错时管理、联合行动等方式加大管控力度,对考点周边市容秩序进行清理整治,加大对考场周边散发小广告、占道设摊、店铺违法违规经营的整治力度,教育、督促店主不用高音喇叭揽客,不占道经营,不占道堆物,不张贴、散发、悬挂非法小广告,不进行铝合金建材加工等产生噪声的作业。同时,考试期间,上海城管还组织队员驻守各考点周边,及时处置各类突发状况,保障考点周边平稳有序。上海城管尽力为广大考生提供细致、周到的服务,在考点周边下设爱心避暑帐篷,向考生提供口罩、龙虎丹、清凉油、农夫山泉等防暑降温用品,为考生送上一份清凉。

提前进入保障模式,答好"预习卷";定点守护流动巡逻,答好"护航卷";贴心守护暖心护考,答好"服务卷"。上海城管执法部门用心推出绿色护考举措,也向老百姓交上了一份满意的答卷。

第四节
Section 4

重点区域特色队伍展风采
Showcasing Distinctive Teams in Key Areas

作为社会主义现代化国际大都市,上海拥有多个地标名片,中共一大会址、外滩、陆家嘴……美景映衬着城市发展的历程,这些重点区域既是上海对外形象的窗口,也是游人如织的出行目的地。无论是日常巡逻还是节假日保障,城管执法队员始终用饱满的精神状态,耐心细致地帮助前来游览的群众,为他们做好服务。在这些重点区域,也诞生了不少城管执法系统里的"明星"队伍。

2021年6月3日,中国共产党第一次全国代表大会纪念馆在党的一百周年华诞之际隆重揭开帷幕。从纪念馆筹备建设到正式开馆再到今天,城管执法的新天地红旗班组已守护这一初心始发地1000多个日夜。无论是酷暑严寒,还是狂风暴雨,人们都能在纪念馆周边看到队员们巡逻值守的身影。

在街道的精心部署与大力支持下,淮海中路街道综合行政执法队由中队党支部发起成立新天地红旗班组,聚焦中共一大会址核心区域城市

黄浦淮海中路街道综合行政执法队新天地红旗班组队列

精细化管理，积极探索城市治理"最后一公里"的工作新模式。以"精准、精确、精细、精致、精实、精品"为工作理念，推出了"红色小径巡逻""一大志愿服务""义务讲解员""普法宣传点"等工作项目，向辖区内企业、商户和社区居民等提供更细致、热心、周到的执法管理服务。

从帮助福建游客寄出红色纪念信件，到贴心地为残疾游客提供周到服务，从联合医护力量开展防中暑巡查，到全心投入开展馆内志愿服务，红旗班组成员用服务群众的实际行动，践行初心使命，打造有温度、有内涵的城管管理队伍形象。

从人民英雄纪念塔到十六铺码头，小到询问指路，大到帮助找回走散儿童和走失老人，黄浦区城市管理行政执法局外滩风景区中队始终以群众满意作为检验工作成效的标准，做群众的贴心人，让群众感受到这座城市的暖意。

队伍里还有一支具有景区特色的青年执法力量——外滩风景区中队女子班组。女子班组以"热爱外滩、情系外滩、服务外滩、奉献外滩"为工作主旨，充分发挥女性特色，扎实做好本职工作，打造特色亮点工作，在做好执法办案的基础上，发挥主观能动性和创造性，当好外滩风景区的普法宣传员、引导监督员、文化讲解员、便民服务员。

执法办案是城管工作的生命线。外滩风景区中队执法队员积极履行本职工作，在案件办理中，注重办案质量和程序规范，通过提前介入、实时监督、果断处置三管齐下的工作模式，推动外滩风景区执法管理效能提升。围绕黄浦区城市管理精细化工作的实施意见及其三年行动计划，中队以动态调整勤务模式、加强点位巡逻频率、落实片区管理责任人、安排各岗区缓冲区域安保人员驻守点位与频次等措施严防违法行为出现，强化景区精细化管理水平。

初秋的夜晚江风微凉，上海陆家嘴滨江地区城管队员的身影并没有让岸边的商家感到一丝"寒意"，反而增添了一份"温暖"。"别着急扔，这些残渣是湿垃圾，记得分类。"上海市浦东新区城管执法局陆家嘴街道中队队员潘东梅正在一家餐厅后厨检查。被提醒的服务员抱歉地笑了笑，很快将垃圾分类清楚。

浦东城管滨江女子监察队队列

潘东梅是滨江女子监察队队长，该队有 6 名城管队员和 6 名特保队员，都是女性，负责陆家嘴滨江沿岸 6 公里范围内的城市综合管理工作。队伍成立的初衷之一，就是希望发挥女性队员耐心、细心的优势，加强与物业、商户和游客的沟通。

滨江沿线的天水恋意大利餐厅经理高超说："潘队和其他队员跟我们商户的沟通很融洽，引导我们做好垃圾分类、外摆区域管理、店招店牌安置等工作。我们的生意在升级，城市管理服务也在升级。"

几公里之外，上海市浦东新区城管执法局陆家嘴街道中队副中队长焦令军正在值班室里通过显示屏密切关注辖区内的夜经济运行情况。屏幕里，重点区域之一的陆家嘴环岛的情况一清二楚，配合监测数据，如环岛天桥上瞬时人流量超过 2500 人，就要启动限流预案。

"上海的夜景很美，要维护这份生机和活力，我们工作的责任也更重了。但是看到营商环境的改善和游客满意度的提升，希望我们多发挥光和热能'照亮'城市的夜空。"焦令军说。

下篇
Part Three
机制建设　守正创新
Mechanism Construction and Adherence to Innovation

第十一章 队伍下沉促社区综合治理
Chapter 11 Deploying Teams to Enhance Comprehensive Community Governance Ability

社区是城市最基础的单元，它既是市民朋友安居乐业的家园，又是创新社会治理的基础平台，社区生活的品质高低直接关系到市民的幸福感和获得感。近年来，随着城镇化进程加快和人口迅速集聚，城市社区正以前所未有的速度发展，各种新情况、新矛盾、新问题不断涌现。

有学者指出，"基层治理改革的总体方向是从一种不平衡的基层治理体系走向平衡的基层治理体系"。执法力量下沉不仅可以维系基层治理体系的平衡，更能扩大基层政府的治理空间，增强基层处置复杂公共事务的能动性，城管工作不能成为"孤岛"，"城管进社区"就是深入群众、服务群众的体现，成为适应社会治理发展趋势的一种必然需要。

随着城镇化进程加快，城市管理工作越来越繁杂，也越来越重要。"城管进社区"意味着城管工作者不再局限于社区助手的角色，逐步向社区建设管理者转变。主要通过将执法力量下沉，将主动作为的范围延伸覆盖到背街小巷和居住小区，进而提高与居民之间的信息互通，精准掌握各类突出问题并及时协调处置化解矛盾。"城管进社区"既是城管体制改革的新要求，也是社区治理现代化的新抓手，更是街道和部门协同管理的新模式。

The community is the fundamental unit of the city, serving not only as the home where citizens live and work happily but also as the foundational platform for innovating social governance. The quality of community life directly affects the happiness and satisfaction of citizens. In recent years, as the urbanization process has accelerated and populations have rapidly congregated, urban communities are developing at an unprecedented speed, accompanied by various new situations, contradictions, and emerging issues.

Some scholars have pointed out, "The overall direction of grassroots governance reform is transitioning from an imbalanced grassroots governance system to a balanced one." The decentralization of law enforcement not only helps maintaining the balance of the grassroots governance system but also expands the governance space of grassroots governments. It enhances the initiative of grassroots governments in handling complex public affairs. Urban management should not be isolated. In this case, "urban management entering communities" is an embodiment of getting closer to and serving the people, representing an inevitable need to adapt to the development trend of social governance.

As urbanization accelerates, urban management becomes increasingly complex and important. "Urban management entering communities" is no longer limited to the role of community assistants but is gradually transforming into community construction managers. This approach involves decentralizing law enforcement, extending the scope of proactive actions to cover alleys and residential areas, thereby improving information exchange with residents. It enables the precise identification of various prominent issues and timely coordination to address and resolve conflicts. "Urban management entering communities" is not only a new requirement for urban management system reform but also a new lever for modernizing community governance, representing a new model of coordinated management between streets and departments.

第一节
Section 1

城管队伍下沉，提升治理新动能
Urban Management Teams Deployed to Enhance New Governance

近年来，城管综合执法事项不断拓展，根据《上海市城市管理行政执法条例》《上海市城市管理行政执法条例实施办法》等要求，以及街镇综合执法赋权清单，上海市城管综合执法部门被赋予市容环卫、房管、绿化、市政工程、文明施工、环保、交通、建设、水务、规划、市场监管等领域执法权限，共 600 余项执法事项。此外，根据《上海市人民政府关于扩大浦东新区城市管理领域相对集中行政处罚权范围的决定》，除全市性执法事项外，浦东新区还承担了林业、文化市场、房屋租赁、土地管理等方面的执法职能，共有执法事项将近 2000 项。

根据改革要求，市、区、街镇执法队伍和执法职责不断优化调整，持续完善街镇综合执法体制机制，确保执法事项"沉得下、接得住、管得好"。

2020 年 7 月，根据上海市委、市政府的要求，在 2015 年城管执法队伍实现"镇属、镇管、镇用"的基础上，街道城管执法队伍也实现了

普陀城管进社区宣传

"街属、街管、街用"，明确由城市管理行政执法部门牵头统筹、指导、协调街道、乡镇综合行政执法工作。为此，上海市城管执法局会同相关主管部门，印发"一清单、两意见"，即街镇综合执法事项清单和《关于进一步加强本市街道乡镇综合执法工作的实施意见》《关于进一步加强本市街道乡镇综合执法队伍建设的实施意见》，确保改革平稳有序。

一是推动力量下沉，实现街道、乡镇整体工作赋能增效。统一组建街镇综合行政执法队，加挂街镇城管执法中队牌子，为街镇所属行政执法机构，将人财物全部交由街道使用管理。各街镇综合执法队共配备行政执法人员近 7000 名，确保城市管理领域不少于 85% 的执法人员编制下沉基层一线，为街镇开展居民小区综合执法整治、创建文明城区保障、打击群租、化解社区矛盾等工作发挥积极作用。尤其在 2022 年新冠感染疫情防控工作中，街镇综合执法人员发扬连续作战精神，在街镇领导下，承担社区进出舱转运、街面风险管控、环境消杀等工作，为打赢"大上海保卫战"作出应有的贡献。

二是健全制度体系，确保街镇综合执法工作平稳有序。推进街镇综合执法不能单纯地把行政执法权限一放了之，应注重做到有章可循。2021 年 4 月，上海市城管执法局会同上海市委机构编制委员会办公室、上海市司法局联合印发《关于进一步加强本市街道乡镇综合执法工作的实施意见》，明确了街镇综合执法体系、街镇综合执法行为、街镇综合执法队伍、创新综合执法方式、加强综合执法保障五方面要求，确保执法权限下沉街镇后，继续做到流程标准统一、执法文书统一、制服装备统一，保持工作延续性。在提请上海市委领导召开专门会议的基础上，面向街镇分管领导举办 6 期培训班，统一相关人员思想，凝聚改革工作动力。此外，积极发挥城管执法部门业务指导、教育培训、执法监督三项职能，建立了案件讲评、督察通报、勤务联动、全员轮训等工作制度，促进文明规范执法。

三是注重统筹协调，加强街镇综合执法队伍规范管理。干事创业，关键在人。作为基层综合行政执法队伍，执法人员的能力素质和规范管理尤为重要。2021 年 4 月，上海市城管执法局会同上海市公务员局联合印发《关于进一步加强本市街道乡镇综合执法队伍建设的实施意见》，明确了专项招录、持证上岗、培训考试、执法监督等方面要求，突出规范管理。该意见颁布以来，围绕提升队伍能力素质，组织开展教育培训，并强化教学质量评估，不断提升培训针对性、有效性。始终着眼街镇综合执法队伍长远建设，构建符合行政执法职业特点的管理制度体系，研究制定职级晋升、转任交流、绩效考核三项配套制度，努力拓宽干部上升通道，畅通跨街镇交流渠道，建立客观科学的评价机制，激发干部队伍活力和干事创业动力。

四是实施精准放权，保障街镇综合执法事项承接有力。严格事权下放把关，坚持需求导向，把群众感受最直接、基层需求最迫切、最能发挥街镇优势的执法权放下去。经过反复论证，分两批下放行政执法事项434项，其中主要为城管综合执法事项，共计401项，还有原街镇行政检查等22项（涉及安全生产、应急管理、水务管理、环境保护、卫生健康、房屋管理、城乡规划、其他领域），以及配套执法事项11项（涉及农业农村、安全生产、环境保护、卫生健康）。上海市城管执法局会同相关部门编制并发布街镇检查事项和行政执法工作指南，编订街镇赋权清单裁量基准，为街镇规范行使行政执法权提供支撑保障。执法权限下放街镇后，执法工作总体平稳，并积极开展新增赋权事项执法实践。

第二节
Section 2

打通为民服务"最后一公里"
Bridging the "Last Mile" for Public Services

上海城管部门为打通为民服务"最后一公里",坚持发挥党建引领作用,将基层党组织的政治优势、组织优势成功转化成为治理效能,逐步推进城管执法进社区工作。在党建引领社区治理大格局下,主动构筑城管执法人员和社区群众之间信息交互、问题疏导、协调处置的平台,坚持"721"工作法,重点解决违法搭建、破坏承重结构、占绿毁绿、群租等群众反映强烈的社区难题顽症,不断提升市民群众对城管执法人员的亲近度、满意度,全心全意做好城市管理的服务者和执法者。

当前,上海市城管执法系统已经建立起城管进社区工作机制。2016年至2018年,上海市城管执法局推行"定人、定时、定点、定责"服务社区的工作模式,明确工作流程、工作方式和执法要求。2019年,进一步提出了城管工作进园区、进楼宇的工作目标。2023年,工作重点放在强化城管进社区的运行机制,推动城管进社区常态长效。近年来,上海城管执法系统涌现出一批"翠花""阿巍""银杏树"等特点鲜明的品牌工作室,上海市城管执法局共评选出150家具有标杆示范意义的优秀城管执法进社区典型案例。

普陀城管进社区与居民交流

城管进社区工作也提出了明确的要求。主要包括联系走访、畅通渠道、普法宣传、意见征集、社区共治五个方面：一是城管社区联络员每周不少于1次走访，开展累计不少于2小时服务工作；二是依托小区公示栏、门户网站、公众号等线上、线下平台，公开联络信息、畅通沟通渠道；三是落实"谁执法谁普法"要求，宣传城市管理法律法规，增强群众法治意识，主动听取群众意见，自觉接受群众监督；四是依托城管进社区，开展人民建议征集；五是主动与居（村）委、业委会、物业服务企业建立沟通机制，推动城管执法融入社区共治格局。

2020年，上海市城管执法局与《新民晚报》合作，制定出台《关于与新民晚报社合作设立"新民帮侬忙"社区联络点的指导意见》，设置"新民帮侬忙"社区联络点，将线下驻点和线上接诉相结合，通过政媒融合、功能叠加、系统集成、民声直达，在家门口建立精准收集社情民意的雷达站、及时感知群众冷暖的气象站。

2021年5月，上海市城管执法局在嘉定区江桥镇召开"我为群众办实事"暨党建引领住宅小区环境治理现场推进会，推动城管执法部门与居（村）委、房管、物业等部门联勤联动，推广江桥强化党建引领，健全完善小区闭环联动、综合治理、物业评价三大体系等先进经验和成功

嘉定城管执法队员在初心亭与居民交流

做法，着力营造整洁有序、生态宜居的居住环境，让市民群众更深切地感受到上海高质量发展、高品质生活、高效能治理的实践成果。

打通社区服务的"最后一公里"，根本目的就是服务群众，要为群众解决问题，真正帮助群众，特别是一些基层的急难愁问题，帮助群众真正得到解决。以浦东城管"社区通"微信小程序为例，其正在为提升城市管理工作效能助力，上线后仅三个月，中队就收到18个市民反映问题，其中包括小区电动车房乱堆物、夜间施工噪声扰民、无证烧烤等内容，中队做到20分钟接单、24小时先行联系、10个工作日回复。可以说，社区通的开发和使用进一步拉近了城管和社区居民的距离，畅通了城管服务基层的渠道。

如今，市民足不出户就可以联系居委、物业，再将问题直接上报给社区城管执法队员要求及时处置。经过多年努力，上海城管进社区工作取得初步成效，全系统受理市民投诉总量逐年下降，2023年1月至10月全系统受理诉件总量98878件，较2018年同期同比下降17.8%。与此同时，上海市城管执法工作社会满意度呈稳步提升态势，第三方测评结果显示，2023年上半年测评得分为85.33分，较2018年提高4.87分，升幅6%。

第三节
Section 3

从"单一整治"向"综合治理"转变
Transitioning from "Single Rectification" to "Comprehensive Governance"

2021年8月1日，上海市街镇综合行政执法体制改革落地实行，城管执法力量率先全面下沉。与此同时，首批行政执法事项目录清单实施，包括401项原城管领域的行政处罚事项及22项街道、乡镇法定的行政执法事项。这也意味着，明确将区级部门的行政处罚事项赋予街道、乡镇直接行使，为基层治理能力提升提供了有力的武器。

从2021年初开始，黄浦区瑞金二路街道综合行政执法队分别入驻街道三个城运工作站，每个站常驻5至6名城管队员，还有城运中心、派出所、市场所等各部门人员，共约60人。这三个城运工作站分别位于茂名南路、香山路和绍兴路。副站长是综合行政执法队副队长，站长则是街道三个科室的副科长，他们对站里所有人员有指挥权。

"原来街道是七站八所，各个部门各自为政，街道很难从中协调，现在实行一支队伍综合行政执法后，更有利于集中执法资源，对违法行为查处反应更加迅速，对信访投诉矛盾化解也更加有力了。"瑞金二路街道党工委副书记茆瑞说。

以群租为例，这在寸土寸金的老城厢是顽症。以前街道收到举报后通知居委和物业，物业说没有执法权，没法赶走租客；居委说赶走租客，需要城管出面；城管说，群租房不归自己管，要找警察；民警说有问题去找街道……即使街道协调物业、城管、房办、公安约好时间后一起上门确认，后续还要根据整改要求再上门核实。

"现在，捏在一起大家一起做。"瑞金二路街道综合行政执法队队长袁逸琳说，如今所有职能部门都集中在一个平台上，不用反复约各部门的时间，业务沟通更及时，响应速度快了很多。

2021年底发生在上海市虹口区某小区的纠纷，曾引发社会的高度关注，多部门合力治理取得了良好的效果。

当时，有居民反映投诉，在一个房龄超过60年的老旧小区里，有人破坏房屋结构，造成安全隐患。虹口城管执法局经现场查看，发现该户业主曹某存在改变物业使用性质（煤卫互换）、损害房屋承重结构（拆除外墙）、违法搭建（在露台上搭建房屋）等问题，遂相继发出责令改正通知书、责令恢复原状决定书及催告书。

因曹某不履行相应义务,虹口城管执法局遂向上海虹口法院申请强制执行。最终,在执行法官、街道及城管执法局等多方沟通下,曹某同意由城管执法局为其指定有资质的施工队进行施工,一个多星期后,相关改造基本完成,应改造部位的装修已全部拆除,原卫生间抽水马桶的下水口已经被堵住。

对于家住上海市松江区华中公寓的王阿姨来说,怎样将小区里自家楼下的一棵枇杷树"送"走曾困扰了她很多年。"每年秋冬季,小孙子就会咳嗽、打喷嚏,一度造成了呼吸道感染。后来我们意识到,其实是窗前的枇杷树花导致的。"

坐落于小区一角的社区城管工作室发挥了重要作用。上门核实,现场查看,形成初步解难方案⋯⋯在日常工作中得知了王阿姨的困难之后,

松江城管执法队员深入社区与居民交流

城管执法人员积极了解相关情况，形成初步解难方案，并协助小区业委会汇总许可事项材料、居委会负责居民意见征询及方案公示、召开居民意见听取会等。最终，经过3个多月、6次大小协调会和现场会，收集了500多户居民的书面意见后，王阿姨家门口这棵枇杷树终于被迁到小区的空地上。

"枇杷树事件"不是单一事件。作为松江区人大代表的城管执法队员胡喜喜敏锐察觉到老旧小区公共绿化带内居民自栽树木管理问题已经成为一个亟待重视的基层治理议题。"不能把解决一起'个案'作为终点，而是要以法治思维和法治方式去处理和解决这些'共性'问题。"

胡喜喜说，以移栽树木为例，不仅需要业主本人，还需要业委会、小区其他业主的配合，居民要到行政服务中心递交纸质材料，材料不符合规定则需要反复跑多趟，十分麻烦，是否能够出台简易化的处理办法？于是，他和同样是区人大代表的高乐居民区党总支书记赵敏勇一起向区人大提出了《关于解决岳阳街道老旧小区公共绿化带内居民自栽树木管理问题的建议》，提出"符合迁移条件的自栽树木，应该适当简化审批流程"，即移栽树木可以采用"许可＋备案"制，居民提出书面申请，方案通过后，将相关材料备案到街道办事处绿化部门，符合备案要求的，即可委托物业或者第三方机构迁移树木。

这个建议很快得到了响应。2022年10月下旬，胡喜喜和赵敏勇应邀去上海市绿化管理指导站，参加《上海市居住区绿化调整实施办法》修订研讨会。会议吸纳了他们的建议，新的办法于当年年底修订后实施。

第十二章
Chapter 12

练好内功打造城管执法新形象
Strengthening Foundations to Shape the Image for Urban Management and Law Enforcement Team

随着我国经济社会不断发展，城镇化建设进程不断加快和国民素质不断提升。与此同时，互联网尤其是新媒体的快速发展，城管执法工作日益被置于"放大镜"之下。一方面，短时期内过高的曝光度有助于公众加深对城管执法工作的了解，有利于城管执法工作的开展；另一方面，城管执法工作中的一些不妥当做法也较容易被"放大"，甚至将片面"化为"整体，不利于城管执法整体形象的建立和维护。

城管执法公众形象，反映的是公众对城管执法的情感和意向，同时反映了公众对城管执法的心理认知。城管执法处在城市管理工作的前沿，其形象直接影响着城市管理及政府部门的整体形象，同时也反作用于城管执法本身，影响城管执法的目标和行为。因此，城管执法公众形象的塑造研究对政府和城市管理工作具有重大意义。

城管执法作为一个具有中国特色的政府机构，应该如何创新行政表达，在提升自我形象的同时更好地推进相关工作，成为一个亟待解决的课题。近年来，上海市城管执法局始终坚持以习近平新时代中国特色社会主义思想为指导，聚焦队伍规范化建设，不断提升队伍管理建设水平，深化城管综合执法体制改革，坚持系统性谋划、整体性推进，强化全生命周期培训，加大考核监督管理力度，着力打造一支革命化、正规化、专业化、职业化综合执法队伍，为上海加快建设具有世界影响力的社会主义现代化国际大都市提供有力的执法保障。

As China's economic and social development continues, the pace of urbanization accelerates, and the quality of the population steadily improves. Simultaneously, with the rapid development of the Internet, especially new media approach, urban management and law enforcement work has been put under the "magnifying glass." On one hand, a high level of exposure over a short period helps the public deepen their understanding of urban management and law enforcement work, facilitating its progress. On the other hand, some inappropriate practices in urban management and law enforcement work are more likely to be magnified, potentially portraying a one-sided view as the whole, which is detrimental to the overall establishment and maintenance of the image of urban management and law enforcement team.

The public image of urban management and law enforcement team reflects the public's emotions and intentions toward this field, as well as their psychological perceptions. Positioned at the forefront of urban management, this image directly impacts the overall image of city management deparments and government. Simultaneously, it reciprocally influences urban management and law enforcement, affecting their goals and behaviors. Therefore, the study on shaping the public image of urban management and law enforcement is important for the government and urban management.

As a government institution with distinctive Chinese characteristics, how urban management and law enforcement bureau express themselves and address the task of enhancing their own image while advancing related work remains a challenging topic. In recent years, the Shanghai Urban Management and Law Enforcement Bureau has consistently adhered to the guidance of Xi Jinping Thought on Socialism with Chinese Characteristics for a New Era, focuses on the regularization of the team and continuously improves the level of team management construction. By deepening the reform of the comprehensive urban management and law enforcement system, planning systematically, and advancing comprehensively, the bureau emphasizes strengthening full-life-cycle training and intensifying assessment and supervision, strives to build a revolutionary, standardized, professional, and vocational comprehensive law enforcement team, which provides robust law enforcement support for Shanghai's acceleration toward becoming a socialist modern international metropolis with global influence.

第一节
Section 1

对内练好真功夫，构建全生命周期教育培训体系

Mastering Real Skills Internally, Constructing a Full-Lifecycle Education and Training System

强化教育培训制度建设。制定《上海市城管执法系统教育培训三年行动计划（2022—2024年）》《上海市城管执法系统教育培训大纲（试行）》《上海市城管执法系统集中培训组织管理规定》《上海市城管执法系统队列规定（试行）》等制度，不断健全教育培训管理制度体系，形成市、区、街镇三级城管执法培训工作格局。制定《上海市城管执法系统行政执法人员综合能力等级考试大纲（试行）》《上海市城管执法系统行政执法证管理办法》等，全面实行行政执法能力等级考试制度，定期轮动开展考试，并与执法证办理相挂钩。制定《上海市城管执法系统学时学分管理办法》，严格落实学时学分管理制度，明确了培训方式、换算方式、指导监督、工作考核等要求，规定了市局、区局、科队年度60学时24学分的培训任务和责任分工，并将学习表现和学时学分完成情况作为年度考核的重要内容和参考。定期召开全系统教育培训工作推进会，研究部署年度工作重点、方法路径，总结经验做法，分析问题不足，推动年度任务落实落地。

建立三级分层分级联训体系。按照"市局主导、市区联手、三级联动"原则，市局负责制定执法业务教育培训规划和年度培训计划，编制

城管执法队员在城市街面巡查

培训教材和考试题库，组织新进人员初任培训，针对区局领导干部、街镇分管领导干部、执法骨干、专岗干部、一线执法人员、基层中队干部等岗位特点，开展分层分类干部任职培训。各区城管执法局负责制定教育培训实施方案，组织开展街道、乡镇综合执法人员业务培训。各街道、乡镇按照市、区城管执法局要求，统筹安排执法人员参训，组织开展学习交流活动，确保教育培训质量。此外，坚持每年开展作风纪律教育整治活动，严明纪律规矩，查找问题，引导队员修身律己，锻造忠诚、干净、有担当的执法队伍。

2022年10月，徐汇区城管执法局组织全系统执法人员，分十批次开展各为期三天的脱产全员培训，课程涵盖思想政治、法律法规、执法实务等多个领域。本次培训专题邀请了市城管执法局、徐汇区委党校、公安分局、检察院等多名专家、教授进行授课。区局机关各科室、各街镇综合执法队在合理安排好勤务力量、不影响正常执法工作、做好疫情防控的前提下，针对执法体制改革实际和不同工作层面人员需求，分批次开展了领导干部、法制员、内勤、一线执法人员、三级督察等分层分类培训，以助力不同岗位的执法人员学习新知识、掌握新本领、提升新能力。

注重培训基础建设。推动实训基地建设。制定《上海市城管执法系统实践教学基地建设规定》，明确实践教学基地创建、复检等具体条件及日常管理办法，按照"好中选优、自主建设、动态管理"原则，创建38家实践教学基地。推动教材课程建设。凝聚全市城管执法系统智慧，编制专业教材，初步形成了《城管执法程序概论》《城管执法勤务组织与实施》等专业教材，法律、文件等汇编教材共9册，制作视频培训课件104个，形成3000余个知识点题库，并适时进行更新。推动师资团队建设。制定《兼职教师遴选和管理暂行办法》《小教员遴选管理办法》，选聘政府管理部门、法院、高校等方面专家学者、领导干部充实师资队伍，覆盖城管执法教学各领域。目前，已形成较为固定的40人培训管理者团队、246人小教员团队以及50余名兼职师资团队。加快教育培训数字化转型，建设全市城管执法教育培训信息系统，试点开展"智慧教室"建设，探索建立"教、学、管、考、评、用"一体化的城管教育培训平台和智慧教室。建立开展教学质量评估机制，采用问卷调查、座谈访谈等方式，了解学员对课程设置、教学质量、后勤服务、管理团队的评价情况，不断提高教学管理的针对性和实效性。

创新初任培训模式。开展准军事化初任封闭培训，以培养职业素养、锻造意志品质、促进作风养成为目标，整合公务员局、司法局等多部门培训资源，创新建立新进人员初任上岗多部门联训联考机制，采用集中授课、体能队列训练与标准化测试为一体的培训模式，推动新进城管执法人员尽快完成思想转变、角色转变和能力提升，初步具备国家行政执法类公务员应有的职业操守、法律素养和履职能力。创新实践培训制度，在全市范围内选择办案水平高、管理规范的示范中队和规范化中队，创建实训基地，组建教员团队，围绕中队日常执法、业务培训、现场办案、联合整治、联系社区等工作，由中队骨干力量集中对新进执法人员进行现场带教、轮岗实训，提高新进人员实践操作能力，确保新进人员培训结束即能上岗执法。坚决执行持证上岗制度，新进执法人员须通过公共基础知识、法律基础、城管专业三科联考，并经过执法技能、队列等测试合格，取得《行政执法证》，才能从事执法工作；经补考仍不合格的，

城管执法队员参与队列培训

须重新参加下一年的初任培训，考试合格后方能取得《行政执法证》。

2023年7月31日至8月25日，浦东陆家嘴城管执法中队实践教学基地对2批共18名2023年度新进城管执法队员进行了实践培训。在每批新队员为期2周的实践培训中，新队员们具体学习了执法装备使用、信访投诉处置、日常巡逻执法、专项执法（包括交通、生活垃圾分类、油烟扰民、房屋管理执法等）、文书撰写及案审档案管理等，培训结束前还组织了相关考核，确保培训实效。

加快教育培训数字化转型。强化顶层设计，全系统整体推进，召开全系统教育培训数字化转型现场会，部署教育培训数字化转型等重点任务，建成包括人员库、教师库、课程库、教学基地库等，覆盖"教、学、管、考、评、用"教育培训各环节的数字化教育培训管理系统，实现学员、师资、课件、学时学分完成情况等数据实时展示功能，提升了城管执法队伍培训管理实效。

抓住数字化发展的先机，闵行区城管执法局在全市城管执法系统率先探索教育培训数字化转型，目前已完成"智慧教学"平台子系统雏形，区级"智慧教室"及各中队"智能教学点"已全部建设完成并投入使用。通过构建智慧化的教学培训平台，使日常培训学习智慧化，切实提升城管执法队伍培训成效。

在"智慧教学"平台内建立并完善四"库"，即人员信息库、培训师资库、核心课程库及实践教学（考试）库，同时借助平台录直播功能，优化完善课程资源，保障四"库"动态更新。目前，平台已纳入师资50名，整合培训课件61件、教学案例32个，全系统634名执法人员信息均已入库，组织各类培训会议28场。

通过"智慧教学"平台，为教培方式升级赋能。平台模拟还原执法场景，为受训人员实现多屏互动、多点观摩、多项实操。同时在部分中队试点，与区、镇城运指挥平台直接联通，点对点指导教育培训，打破传统教育培训的局限性，满足受训人员的实际需求。

第二节
Section 2

强化指导服务，夯实基层基础设施
Strengthening Guidance Services, Consolidating Grassroots Infrastructure

上海城管执法部门加强人才工作研究规划，研究制定《上海市城管执法系统"十四五"人才发展规划》，围绕数字化转型、制度化突破、整体性推进原则，通过强化人才发展平台建设，实施一批人才工程项目，着力构建党政管理人才、综合执法人才、优秀青年人才培养体系。

强化青年干部教育培养。面向系统调训50名优秀副科级年轻干部，组织为期两周的集中调训，增加现场教学、访谈式教学、情景模拟等现代培训方式，按照自我管理、自我服务、自我宣传的原则，组建班委会，开展案例辩论赛、学员论坛等活动。举办"新时代优秀中队长"论坛活动，传播执法理念和经验。编制《新青年 新长征》电子简报4期，营造青年善于学习、重视培养青年的浓厚氛围。

开展专业人才储备合作。为进一步拓宽专业化青年人才储备来源，增进高校大学生对城市治理以及执法工作情况的了解，面向在沪高校大学生开展暑期实习，先后与华东政法大学、上海政法学院等相关高校建立长期合作关系。按照"市局统筹、区局选用、统一调剂"的原则，择

城管执法队员讨论培训工作

优遴选 35 名实习生，做好联络协调、实习带教、实习评价等工作。组织实习生参与城管执法"7·15 公众开放日"活动，联系新华社策划"00 后看城管"主题报道，在线点击量过百万。

从 2020 年 11 月闵行区新镇航华城管执法社区建议征集站揭牌，到如今城管执法系统市、区、街镇三级建议征集网络基本建成，以"城管执法工作室"为载体主动开展建议征集成为城管执法部门的行业特色。借助城管执法进社区和居民零距离接触，上海城管执法发挥人民建议征集工作队伍作用，积极听取群众真知灼见。

在金山区城管执法局人民建议征集工作中，区局建立了 12 个中队人民建议征集站和 239 个基层村居人民建议征集点，进一步建立起"家门口"服务的"场子"。通过这些"自下而上"式的参与，既调动了广大人民群众和基层城管执法队员参与社会治理的积极性，又积极推进了城市精细化管理水平提升和城管执法工作向前发展，让一大批问题发现在基层一线、解决于开门问策、受益到群众身边。

第三节
Section 3

提升创建标准，不断完善规则体系
Enhancing Standards, Continuously Improving Rule Systems

城管执法队员在城市街面巡查

按照"强基础、严管理、促规范、提效能"的思路，对办公场所、内务管理、队伍管理、业务工作、宣传服务、信息化建设和应用、创建程序7个大项、134个小项的内容予以细化和完善，进一步明确申报、复检、抽检、摘牌等动态监管措施的规则，为推动基层队伍规范化建设水平再上新台阶提供助力。

加大新规培训力度。在闵行浦江中队、松江泗泾中队和浦东世博中队召开三场现场培训会，围绕新规修订背景、新旧条款对比、门头窗口规范、设施设备配备、队伍日常管理、勤务指挥室建设等内容进行集中培训，帮助基层队伍掌握核心要点，提高对新规的理解和认识。加强基层队伍指导。深入普陀、青浦、徐汇等规范化建设较为薄弱的一线中队，帮助基层队伍查找问题，补齐短板。邀请区局观察员参与示范中队创建验收检查，搭建学习交流平台，促进互学互鉴，营造"比学赶超"的氛围。

同时，完成全上海街道主体行政执法证换发。落实城管执法体制改革要求，明确工作要求，加强办证辅导，定期督办进度，为系统执法队员规范执法提供支撑。完善市局－区局－街镇中队三级执法证办理管理规范，加强执法人员资格审查，及时下发工作提示，确保系统单位按节点开展证件换发工作。与司法局共同缩短办证周期，巩固城管执法系统执法证申请审核、疑难处理的良好互动机制，确保城管执法系统内部办证审查压缩在3个工作日内。

第四节
Section 4

提升对外交流意识，
创建城管执法宣传品牌

Increasing Awareness of External Communication,
Building Urban Management Law Enforcement Brand

近年来，上海城管执法宣传的范围开始扩大，形式逐步丰富，与服务群众的结合更为紧密。与城管执法进社区活动相结合，充分运用报纸、广播、电视、网络等传统媒体，宣传城管执法工作，提高市民群众法制意识。以符合时代特征、行业特点、社会期盼为标准，加强行业先进典型的发掘，树立了全国人民满意公务员董之益、上海市三八红旗手高红霞、全系统十佳文明规范执法标兵和十佳优秀中队长等一大批先进典型，充分发挥先进典型的引领和示范作用，加强城管执法正面宣传，有效改善了城管执法队伍形象。

此外，上海市城管执法局还积极拍摄纪录片，深度还原城管执法新形象。2018年5月23日，松江城管执法积极响应市城管执法局形象宣传片的拍摄要求，组织协调执法队员参与拍摄上海城管执法形象宣传片——《深蓝》。《深蓝》是上海市城管执法局启动摄制的一部全市城管执法形象宣传片，此片的摄制，旨在进一步展示"崇法善治、忠诚为民、公正清廉、砥砺奋进"的行业精神，为塑造新时代城管执法队伍新形象打下了坚实基础。

奉贤城管执法队员在展示宣传吉祥物

"7·15公众开放日"宣传活动也已经成为上海城管执法对外宣传的一个响亮品牌。2023年，在静安区南京西路街道，以"学习贯彻新思想·建功立业新时代"为主题，以"贯彻新思想、展现新形象、谱写新篇章"为主线，以"城挚"系列党建品牌为切入口，在地铁出入口、广场等人流密集处设点，开展现场宣讲、法律咨询，同步发放《上海市绿化条例》《上海市市容环境卫生管理条例》等普法宣传册，并在电子大屏幕滚动播放普法视频和南西街道城管执法形象短片，充分展现新时代城管执法队伍新形象，进一步提升市民群众对城管执法工作的知晓度及认可度。

南京西路街道综合执法队继续不断提高行政执法和城市管理水平，让更多市民群众参与了解城市管理的目的和意义，进一步打响"7·15公众开放日""城挚"等行业品牌，增强全民法治观念，深化法治城管执法建设，为南京西路打造千亿级商圈，为辖区居民营造更整洁、更有序的居住环境作出更大的贡献。

在普陀区万里街道，在特色展示、法律法规咨询等展区，宣讲员及驻队律师就日常工作中遇到的常见问题进行深入浅出的分析，普及相关法规知识，并与现场居民进行面对面交流，听取居民意见、建议，解答

城管执法队员进社区开展宣传普法工作

居民提出的问题；通过视频播放、制作展板等，展示了万里街道近几年的环境变化以及经典执法案例。在互动体验区，青年队员在装备展示区向小朋友以及居民朋友们讲解并演示城管执法作战机、无人机、执法记录仪、蓝牙打印机等，着重解释说明了如何使用以及使用规范场景；在游戏互动区，将垃圾分类、违规事项等融入游戏，让大家边玩边学习了解到城管执法的事项。

上海城管执法部门还通过绿色护考行动，加强监察，防止和减少建筑施工等噪声污染，为广大考生创造一个安静的复习、考试和休息环境。从 2002 年起，与市容监察部门在全市范围内开展"校门清"整治行动，针对学校周边市容环境现状，集中力量对学校周边重点路段和区域加强监控、巡查和执法，清理、整顿学校周边的违法搭建和噪声污染，遏制出售不洁食品、不良刊物的无证设摊。加强对区际及城乡接合部整治的协调工作，协同开展社会治安综合治理专项整治。

从 2006 年起，以民政、公安、城管执法"三合一"联动救助流浪乞讨人员形式开展救助工作，取得较好效果；开展吸贩毒违法犯罪活动重点地区的整治，规范废旧金属收购站点管理和整治学校周边治安环境。参与平安建设"重点整治主要道路、区域管理秩序"实事项目，牵头实施 2008 平安建设"拆除农村地区严重违法建筑"和"继续整治主要道路、区域管理秩序"两个实事项目。2010 年，坚持世博园区内外联动，严厉打击占道设摊销售、兜售假冒世博会特许商品等违法行为，为世博会的举办创造优良环境。世博会后，全市城管执法部门承担亚信峰会、G20 峰会、第九届全球健康促进大会等重大会议的执法保障任务，聚焦春节、五一、十一等重要节假日，聚焦外滩、人民广场、陆家嘴等景观区域、商业街区，加强街面巡查管控，圆满完成保障任务。

2018 年和 2019 年，全市城管执法系统深入参与首届进博会保障工作。保障期间，各级城管执法部门坚持领导带头、靠前指挥，实现全员上岗、全天候保障，主动热情服务中外游客，展现了新时代上海城管执法队伍的良好形象，赢得了市民群众和社会各界一致好评。

第十三章
Chapter 13

大综合改革浦东样本
Pudong's Comprehensive Reform as a Model

浦东因改革开放而生，因改革开放而兴，也因改革开放而强。三十多年前，党中央统筹把握改革发展大局，作出了开发开放上海浦东的重大决策，掀开了我国改革开放向纵深推进的崭新篇章。进入新时代，党中央全面研判国际、国内大势，对浦东在更高起点上推进改革开放、引领带动上海"五个中心"建设作出战略部署，赋予浦东打造社会主义现代化建设引领区的历史重任，推动浦东不断展现新气象，坚定不移地发挥好社会主义现代化国家窗口的示范作用，在大变局中赢得发展主动权。

2021年7月，《中共中央 国务院关于支持浦东新区高水平改革开放打造社会主义现代化建设引领区的意见》发布，明确支持浦东勇于挑最重的担子、啃最硬的骨头，努力成为更高水平改革开放的开路先锋，全面建设社会主义现代化国家的排头兵，要求建立完善与支持浦东大胆试、大胆闯、自主改相适应的法治保障体系。

2022年8月，上海市城管执法局根据市委、市政府相关部署和要求，结合城管综合执法工作实际，出台《上海市城市管理行政执法局关于支持和保障浦东新区高水平改革开放打造社会主义现代化建设引领区的实施方案》，支持浦东新区勇挑重担、开拓创新，探索适应特大型城区城市管理的综合执法体制，打造城市管理综合行政执法"浦东模式"，推动提升浦东城市治理体系和治理能力现代化水平。

Pudong was born, thrived, and strengthened due to the reforms and opening up. Over thirty years ago, the CPC Central Committee made a significant decision to develop and open up Pudong in response to the overall situation of reform and development. This decision marked the beginning of a new chapter in China's in-depth advancement of reform and opening up. In the new era, the CPC Central Committee comprehensively assessed the domestic and international situations, and strategically deployed Pudong to advance reform and opening up at a higher starting point, leading and driving the construction of Shanghai's "Five Centers." Pudong was entrusted with the historic responsibility of becoming a pioneer area in the construction of socialist modernization, continuously showcasing new vitality and resolutely demonstrating its exemplary role as a window of a socialist modernization nation amid significant changes.

In July 2021, the CPC Central Committee and the State Council issued the "Opinions on Supporting the Pudong New Area's High-level Reform and Opening-up and Building a Leading Area for Socialist Modernization." This document explicitly supports Pudong in boldly shouldering the heaviest responsibilities and tackling the toughest challenges, striving to become a pioneer in high-level reform and opening up and a vanguard in the comprehensive construction of a socialist modernization nation. It requires the establishment of a complete legal system that corresponds to and supports Pudong's bold trials, bold exploration, and autonomous reforms.

In August 2022, the Shanghai Municipal Administration of Urban Management issued the "Implementation Plan on Supporting and Ensuring Pudong New Area in High-level Reform and Opening Up to Build a Leading Area in the Construction of Socialist Modernization." Aligned with the directives and requirements of the municipal party committee and government, and considering the practical aspects of comprehensive urban management and law enforcement, the plan supports Pudong New Area in bravely shouldering heavy responsibilities, exploring and innovating, and developing a comprehensive law enforcement system suitable for managing a super-large urban area. It aims to create the "Pudong Model" of comprehensive urban management and administrative law enforcement, promoting the modernization of Pudong's urban governance system and governance capabilities.

第一节
Section 1

城管执法的"范围边界"更为广泛
Wider Scope for Urban Management Law Enforcement

浦东城管执法队员开展队列培训

浦东新区区域面积约为1210平方公里，约占上海市总面积的五分之一，实际管理人口有562.3万人，约占上海市总人口的四分之一。随着浦东改革开放进程的持续推进，经济上保持着高速发展，一些城市管理领域的问题和矛盾也逐渐凸显，管理对象更加复杂多元，管理内容更加杂碎零散，存在管理幅度过大、管理力量偏少以及管理盲区多等问题。

因此，浦东新区的城市管理综合执法与上海其他区有明显的区别，其秉持着推进高水平改革开放和打造社会主义现代化建设引领区这一宗旨，努力先行先试，大胆试、大胆闯，执法队伍进一步综合，执法事项进一步整合，统筹配置行政执法职能和执法资源，从而形成了城市管理综合执法的"浦东模式"。

浦东新区就其综合执法范围和事项而言，就多于面上其他区，因而更强调进一步整合归并同一领域或相近领域执法队伍，探索在城市管理领域实行更大力度的综合执法，优化综合执法机构设置，充分发挥"大综合"的综合行政执法体制优势。根据统计，浦东城管综合执法门类共计13类，比面上多三类（林业管理、土地管理、石油天然气管道保护管理），执法事项达1945项，比面上的527项增加了1418项。除了增加了上述三个门类的执法事项外，其与其他区存在的主要差别是，面上城管执法只是综合了水务、环保、交通运输、城镇燃气、城乡规划管理领域的部分执法事项，而浦东城管综合了上述五个部门的全部行政执法事项，分别为266项、418项、632项、70项和78项。因此，浦东城管执法是名副其实的"大城管"。

城管执法事项综合效果非常显著。过去，很多执法职能分散在管理部门，导致执法力量相对分散，不能起到"拳头作用"，难以在第一时间解决问题。

浦东城管执法车辆在街面巡查

例如，综合执法改革前，石油天然气管道上的违法搭建问题原本由浦东新区发展改革委负责执法，但事实上区发展改革委并没有队伍可以去执行，也很少办案，导致了"执法空白"。综合执法后，区城管执法局组建了专门队伍，对全区所有石油天然气管道进行巡查排摸，找到若干个安全隐患点，并予以及时拔除。

又如，综合执法改革前，对于违法用地上的违法建筑，土地管理部门只能依托《土地管理法》申请法院采取司法强制手段，程序多、周期长，不利于违法用地、违法建筑的及时处置，而城管执法部门可以依托《城乡规划法》，采取行政强制手段，时间短、效率高。改革后，违法用地执法职能就划到了区执法局，区执法局可以根据实际情况选择最有利的快速处置方式。

作为上海市乃至全国改革发展的排头兵，浦东新区的城管综合执法改革亦有其代表性。为了有效克服上述问题，优化城管综合执法工作，浦东新区在吸取各方面经验的基础上，构建了城管综合执法协同网络，力求通过构建功能聚合、流程优化、业务协同、信息共享、法治运作的部门间工作协同网络，联合城市管理涉及的各个部门，形成信息共享机制，重塑执法监管流程，实现对行政相对人的联合奖惩，提升行政执法水平和治理能力。

第二节
Section 2

城管执法的"管执分离"更为彻底
More Thorough Separation of Urban Management and Law Enforcement

"管执分离"的主要内涵是调整管理体制,优化职能设置,健全执法机制,将原先分散在职能部门、与城市管理密切相关的行政执法权集中由城市管理行政执法局执行,实现行政管理权与行政执法权的分离。其主要功能是防止行政权力边界不清,既当"运动员",又当"裁判员",通过管理权与执法权在行政部门内部的分离,防止权力过大和被滥用的可能。

从法理上来说,这是职能分离原则的具体运用。职能分离原则来源于古老的自然公正原则。该原则主张"每个人不能作为自己案件的法官",最早出现在英国,最早适用于司法审判领域,之后扩展适用到行政执法领域。行政执法听证制度就要求听证过程中从事裁决的机构或者人员,不能从事与听证和裁决行为不相容的活动,以保证裁决公平。我国《行政处罚法》第42条也规定了这项原则,即"听证由行政机关指定的非本案调查人员主持,当事人认为主持人与本案有直接利害关系的,有权申请回避。"这种行政机关内部职能分离制度的探索,对于公正执法、树立政府的良好形象无疑是有益的。

浦东城管执法率先在上海开展"管执分离"探索,实行城市管理领域行政管理权与行政处罚权分开,在全国具有较大的影响,被媒体称为城市管理领域的"浦东样本"。浦东城管遵循综合执法试点"两个相对分开"原则,不断推动政府的城市管理职能向管理与执法适当分离转变,全面对接各条线市级执法总队,垂直接受其业务指导、专业培训、工作部署、督察督办和实效考核,并在网约车平台数据、危货运输数据共享等方面建立执法协同机制。将原先分散在发展改革委、生态环境局、建设交通委、规划资源局等部门的与城市管理密切相关的行政处罚权集中至城管执法局;在工作界面划分、信息共享、数据移送、衔接流程等方面,均与相

浦东城管执法队员开展生态环境执法检查

关部门建立了线下《管执联动备忘录》,明确工作职责;依托浦东新区政府搭建的"五违四必"整治办、交通联席办、非法客运联席办等工作平台,建立管理部门与执法部门的联动协作机制;积极投身"一网通办、一网统管"建设,打通数据共享渠道。

城管执法管执分离改革效果非常显著。从实施成效角度而言,从原来各支队伍分散在各自管理部门,办案适用的法规、流程、文书都不一致,到现在区城管执法局完善了执法办案平台,并形成了一整套法律法规汇编、案例汇编、执法手册、工作规范汇编等实用资料,部分街镇已经在打黑车、超限运输、占压天然气管道、填堵河道等方面开展了执法工作,并取得可借鉴、可推广的好经验、好做法。从执法公正性角度而言,管执分离之前,一个职能部门既要管审批,又要管执法,既当"裁判员",又当"运动员",这其中很难说没有利益驱使。传统的体制客观地提供了自由裁量的土壤及空间,最终导致权力寻租,产生处罚不公正的问题。现在分成两个主体,互相之间就形成了制约监督机制。

浦东城管执法队员在街面检查

第三节
Section 3

城管执法的"专综合一"更为合理
More Rational Integration of Specialized and Comprehensive Functions

浦东城管综合执法中的综合门类和事项都明显多于其他区的城管执法。调研显示，浦东城管执法中有多项属于专业执法领域的事项，因此提出了"专综合一"的执法理念，在区级层面内部单独设置了环境监察支队和6支区域性执法大队，负责环境监察、路政、交通、水务、规划、土地、石油天然气管道保护等专业执法，对于一些重大执法案件和疑难复杂、跨街镇、社会影响大的执法案件，区域性执法大队又可以应急机动进行增援。另外，在世博园、上海国际旅游度假区和36个街镇分别设置综合性的执法中队。

具体体现为：环保执法、水务执法是专业执法，为此专门合并成立了生态环境支队（水务大队）；成立了交通执法支队，专门从事交通领域的行政执法；组建规划与国土资源执法大队。这三支队伍都属于专业执法队伍，需要相对独立的设置与管理，并在区级层面实行日常执法。同时，研究制定《执法事权划分工作手册》，合理界定了各支（大）队与中队的事权界面。

在综合执法层面，基层中队承担起街面常见、无需专业技术认定的、群众诉求迫切的执法事权，如环保领域的油烟扰民、交通领域的出租车和网约车管理等领域的执法事项，均下沉至街镇中队。环保、交通、规土等专业执法事项依托街镇城管中队，管理触角向街镇延伸，推动城市管理精细化。

就城管综合执法而言，其范畴一般定位为综合普通执法事项，而非专业执法。如从2012年《上海市城市管理行政执法条例》明确的上海市城市管理综合执法（相对集中行政处罚权）的主要领域和事项中就可以看出，实施部分授权的领域，如水务管理、环保生态管理、建设管理、城乡规划管理、交通管理等所选择的综合执法事项，都具有明显的普通执法性质，如环保领域明确授权"露天焚烧秸秆、枯枝落叶等产生烟尘的物质，以及露天焚烧沥青、油毡、橡胶、塑料、垃圾、皮革等产生有毒有害、恶臭或强烈异味气体的物质等不需要经过仪器测试即可判定的违法行为"。

推动执法重心下沉，多举措提升执法水平。浦东新区的36个街镇

浦东城管执法队员在夜间检查工地

中队和 2 个重点区域执法中队的执法事项，理论上是和区中队完全一致的。但是，在实际的城管执法过程中，经常遇到不涉及执法事项或者难以处置的问题，如专业化程度较高的环保执法。在此背景下，浦东新区开始探索将专业度低的执法事项进行下沉，最终使基层执法队伍扩展到 1200 多人，执法力量和效果都得到了较大提升，实现了执法重心的下沉。例如，在书院镇，轻微的环境污染事件已经不需要去环境中队进行取证并由其实施执法和处罚，基本实现了事项处理的精细化。除此之外，浦东新区也积极理顺公安与城管的关系，加大公安对城管执法的保障力度，由公安分局分管治安支队的副局长兼任城管执法局副局长，确保公安与城管能够高效配合，及时协调工作内容，提升了执法水平。

目前浦东城管执法领域事项多达 1945 项，全科式、一体化综合执法迎面而来，这给基层城管队伍的专业素质和执法技能带来巨大的挑战，面向大综合、一体化执法的改革浪潮如何给基层城管执法队员赋能、减负、增效是一个紧迫的课题，传统粗放式、运动式的城管执法模式已与城镇化建设日益加快、市民群众法治意识不断增强的现实治理需求产生

浦东城管执法队员与水务执法部门开展联合检查

了极大不匹配,对此必须准确把握城市数字化转型中蕴含的新机遇,发挥数字牵引、规制功能,推动城管执法方式的根本性转换和标准、流程、规范的革命性重塑,同时要解决人机不匹配的难题。经过扎实推进,现在浦东"智慧城管"的整体水平位居全市前列,尤其在实战应用方面更为突出。

2022年3月,有居民反映四川北路1906弄一处新开的食品店存在含油废水违规排放、下水道堵塞、弄堂环境脏乱、空调冷凝水未按规定排放等问题,周边居民生活和出行受到了不小影响。

街道城运中心接电后,中心党支部委员、属地余庆坊居民区党组织"城事通"兼职委员侯永芳和居委会工作人员立即赶赴现场核实,次日便牵头联系城管执法、市场监管等相关职能部门进行综合执法,督促商家疏通管道,并要求尽快对隔油池等设施进行标准化改造,商家现场表示愿意配合。

然而几天后,兼职委员侯永芳再次核实现场情况,发现商家并未执行到位,居民的烦心事未能得到有效解决。余庆坊居民区党组织随即成立专案小组，启动处置异常项目攻坚工作机制，兼职委员侯永芳和党总支党员们在街道党工委的领导下，牵头生态环境局、综合行政执法队、城市建设管理事务中心、市场监督管理所等部门和相关市政单位，对该商户进行约谈告诫，并要求其自行配置废弃油脂收运桶，减少排入小区污水管的可能，完成对油水分离设备的升级改造，解决冷凝水滴漏等问题。随后商户开始行动，做到了"案结事了"。

城管执法"专综合一"改革的效果同样显著，信访和投诉是反映城管执法实效、体现社会公众满意度的一个重要标志。"专综合一"改革以来，执法局受理的各类信访和投诉量相应增加，增长率为44.46%。但反映信访处置情况四大优化性指标数值与区执法局挂牌前同期相比均有所提升，其中2小时到场率增长22.46%，24小时先行联系率增长8.31%，及时办结率增长2.46%，市民满意率增长7.86%，充分反映出新区城管执法"专综合一"改革取得一定成效，社会公众满意度得到提升。

第四节
Section 4

城管执法的"双重管理"更为协调
More Coordinated Dual Management in Urban Management Law Enforcement

行政执法横向到边（即全覆盖）、纵向到底（即重心下沉），一直是我国行政执法体制改革所追求的目标。其中，城管执法一直是这一目标探索过程中的主体。回顾城管执法的历史脉络就可以看出，城管综合执法既是以条为主的执法体制改革的主角（如"1+6"综合执法改革、相对集中行政处罚权），又是以块为主的执法体制改革的主角（执法重心下沉街镇）。

浦东城管执法明确了"重心下移、事权下放、队伍下沉"的"三下"要求：

一是重心下移，根据市城管执法体制改革部署要求，区层面执法人员编制原则上不超过编制数的8%，街镇、特殊区域执法人员编制总数原则上不低于85%。新区体制改革过程中，对街镇一线执法力量作了进一步倾斜。经核算，浦东新区将98%的城管执法力量下放到了街镇一线，区城管执法局机关只设置5个内设机构、40名行政编制，承担新区城市管理领域的行政处罚、行业管理、统筹协调、执法监督等职能，局机关编制仅占全部执法人员编制的2%。

二是事权下放，根据体制改革的精神，为更好地适应城乡二元结构、强化街镇属地化管理优势、进一步解决城市管理难题，将街面常见、无需专业技术认定的，相关部门缺乏执法力量、群众诉求迫切的，矛盾突

浦东城管举行队列升旗仪式

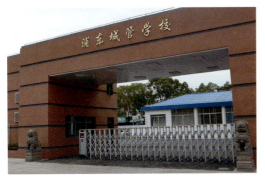
浦东城管学校外景

出、涉及多家执法主体的执法事权下放给街镇，全市统一下沉的城管执法项目为406项，而浦东新区为500项。

三是队伍下沉。目前，浦东新区城管系统编制超1900人，其中局机关综合类公务员仅39人，其他均为执法类公务员。实行职务职级并行后，队员晋升通道进一步被打通；人员学历结构不断优化，大学以上学历占比超过85%。

对于这支队伍的管理，浦东采取与其他区相区别的做法，建立了独特的基层执法中队的双重管理体制，具体做法包括如下方面：

第一，在日常管理方面，以现场一线执法人员职业发展需求为导向，逐步建立符合街镇综合执法工作特点的管理体系，实行"街镇属、街镇管、街镇用"体制，基层中队的人、财、物管理和具体行政事务办理事项由街镇负责。

第二，在干部管理方面，则由浦东新区城管执法局严格执行执法人员持证上岗和资格管理制度，统筹人员职级晋升、轮岗交流、后备干部培养选拔即科级干部提拔等管理。

第三，在晋升机制方面，新区将各街道职数集中分配，每年年终进行考核，对表现优秀的队员进行奖励和晋升。

第四，首创成立城管学校，推进市级培训项目与浦东自有培训内容深度整合。在落实市级城管部门培训要求的基础上，自主组织举办执法培训，在传统市容城建类执法事项外，拓展生态、交通、规土、水务等专业执法领域的培训内容，逐步形成基础班、专业班和主题班的分级培训模式，由新区城管执法局承担全区基层街镇中队执法人员的全员培训，开展"菜单式""研讨式"教学、岗前实践带教等培训方式。目标是每三年有计划、分层次、高质量地完成对一线城管执法骨干力量的全部轮训。

《长三角一体化城市管理综合行政…
《城市管理综合行政执法协…

正式发

第十四章 Chapter 14

执法"一盘棋"深化长三角协同治理

Advancing Integrated Development in the Yangtze River Delta through Coordinated Law Enforcement

长三角区域一体化发展战略是习近平总书记亲自谋划、亲自部署、亲自推动的重要国家战略。长三角区域地缘相近，行政区域相邻。长三角一体化发展战略背景下，长三角世界级城市群建设中区域经济要素、市场要素、人口加速流动，对区域城管执法部门跨域协作提出迫切要求，为上海、江苏、浙江、安徽一市三省城管执法提出了新问题、新挑战，同时也带来了新动能、新机遇。

2020年以来，上海市城管执法局深入贯彻长三角区域一体化发展战略，积极发挥龙头带动作用，协调苏、浙、皖三省城市管理执法主管部门，牵头谋划、制定完善长三角城市管理综合执法协机制，大力推动长三角城管执法协同发力、各展所长，不断夯实协作基础，进一步创新协作举措，跨区域城管执法协作成效初步显现，积极展现新时代长三角城管执法新形象、新担当和新作为。

The strategy for the integrated development of the Yangtze River Delta is a major national initiative planned, deployed and promoted by General Secretary Xi Jinping. Due to the close geographical proximity and administrative contiguity within the Yangtze River Delta, within the framework of the national strategy for integrated development, the establishment of a world-class urban cluster in the Yangtze River Delta has led to the accelerated movement of regional economic factors, market elements, and population. This has urgently necessitated cross-domain cooperation among regional urban management and law enforcement departments. The integrated development has introduced new challenges and issues for urban management and law enforcement in Shanghai, Jiangsu, Zhejiang, and Anhui—one city and three provinces. Simultaneously, it has brought forth new dynamics and opportunities.

Since 2020, the Shanghai Urban Management and Law Enforcement Bureau has been diligently implementing the national strategy for the integrated development of the Yangtze River Delta. Taking the lead, it actively played a catalytic role, coordinating with the urban management and law enforcement authorities in the three provinces of Jiangsu, Zhejiang, and Anhui. It spearheaded the planning and improvement of the comprehensive law enforcement coordination mechanism for urban management in the Yangtze River Delta. Substantially promoting collaborative efforts in urban management and law enforcement across the Yangtze River Delta, the Shanghai Urban Management Law Enforcement Bureau, as the leading entity, orchestrated the coordination among all parties, allowing each to showcase its strengths. Now the collaboration foundation has been continuously strengthened, and innovative collaborative measures have been further introduced. The preliminary results of cross-regional urban management and law enforcement cooperation are emerging, actively presenting a new image, responsibility, and performance of urban management and law enforcement in the Yangtze River Delta in the new era.

第一节
Section 1

以龙头带动之姿，推动长三角城管执法协作机制建立完善

Lead the Establishment and Improvement of the Yangtze River Delta Urban Management Law Enforcement Cooperation Mechanism with a Leading Role

上海市城管执法局立足沪、苏、浙、皖一市三省城管执法发展实际，始终坚持将城管执法协作放在长三角区域一体化高质量发展的大背景下，打出整体性、系统性、协同性跨区域高质量协作"组合拳"，持续提升跨区域执法协作的覆盖面、影响力。

在省级层面，注重顶层设计，积极谋划制定区域城管执法协作新机制。长三角区域一体化发展上升为国家战略后，上海市城管执法局党组高度重视，连续三年将长三角一体化协作纳入全局重点工作，切实把国家战略要求转化为区域城管执法部门高质量发展的重要课题。2020年6月，上海市城管执法局向市政府呈送工作专报，提出开展长三角跨区域城管执法协作思路、目标和措施，时任上海市委书记李强，市政府代市长龚正、常务副市长陈寅、副市长汤志平等市委、市政府领导先后进行了批示，特别是李强书记要求，要"积极作为，全力推进"。2020年7月24日，上海市城管执法局牵头召开首次长三角一体化城市管理综合行政执法协作机制会议，沪、苏、浙、皖一市三省城管执法主管部门

长三角一体化城管执法部门结对共建

联合发布了《长三角区域一体化城市管理综合执法协作三年行动计划（2021—2023）》《长三角区域一体化城市管理综合行政执法协作清单》，签署了《长三角区域一体化城市管理综合行政执法协作机制》等。沪、苏、浙、皖59个地级市、国家级高新技术开发区城管执法部门签订《城管执法部门共建协议》，奠定长三角区域城管执法全领域、全方位深度合作基础。2023年3月30日，在江苏省南京市召开长三角一体化城市管理综合行政执法协作机制会，三省一市共同签署《长三角三省一市城市管理综合行政执法协作框架协议》《长三角跨省毗邻区执法协作协议》，进一步总结协作成效，深化执法协作新路径。

在省际毗邻市区级层面，创设共同管辖执法机制，全力开启区域城管执法协作新征程。长三角区域地缘相近、人文相通，省际毗邻区域犬牙交错。上海市城管执法局坚持问题导向，2021年8月率先在上海青浦、嘉定、宝山、金山、崇明五区与江苏苏州、南通，浙江嘉兴沪、苏、浙三省八地毗邻地区探索城管执法共同管机制，牵头制定了《上海、江苏、浙江加强毗邻区域城管执法领域联合执法工作的实施意见》，明确毗邻区域基层中队日常巡查对共同管辖区域主动延伸覆盖，每月不少于1次开展联合执法检查；区级城管执法部门每季度开展联合执法整治，定期开展区域会商机制，推动毗邻区域同步推进协作机制，同步落实共建办法，同步共享执法信息，主动变"三不管"为"都能管"，为毗邻区域城管执法协作深入发展提供了机制保障和制度支撑。

2023年3月，执法协作毗邻区域扩容至安徽省，安徽宣城、马鞍山、黄山等城市与江苏南京、浙江杭州、湖州等市分别签订执法协作协议，明确三省一市市（区）级城管执法部门每季度开展联合执法整治、定期开展区域会商，推动毗邻区域同步推进协作机制。

面对新冠感染疫情防控和加快经济恢复双重任务，长三角城管执法部门认真贯彻落实党中央精神要求，主动担当，积极作为，共同激发市场主体活力，共享长三角一体化法治建设成果。上海青浦、嘉定等五区与毗邻的浙江嘉兴，江苏苏州、南通等城管部门联合发布了全国首份跨区域城管执法"首违不罚"统一清单，制定了《关于长三角城市管理综

第十四章　执法"一盘棋"深化长三角协同治理

《沪苏浙省级毗邻区域共同管辖执法协作框架协议》签约仪式

合行政执法毗邻区域共同遵守"首违不罚"清单的指导意见》，展现城管执法精细化执法的力度和温度，为共同激发长三角市场主体活力、营造一流营商环境贡献城管执法力量。

加强理论研究和实践应用双向促进，大力构建跨区域城管执法新格局。从 2021 年起，上海城管执法局依托在沪高校、政府智库资源，先后开展多项长三角执法协作课题研究，为制度转化提供储备。在"长三角城管执法信用联合惩戒机制研究"中，探索性地梳理了生态环保、市容环境领域 14 项严重违法行为，明确了信用归集、惩戒及修复标准；在"长三角执法协作统一文书样式研究"中，结合行政执法文书样式规范，选取 15 件跨区域执法协作文书进行统一；在"长三角一体化城管执法案件移送与结果互认机制研究"中，提出构建跨区域证据材料移送、信息共享数字化建设方案，为深层次推进跨区域执法协作提供借鉴。2022 年 8 月，为共同激发市场主体活力，上海市城管执法局与嘉兴市综合行政执法部门在充分研究论证的基础上，联合发布了全国首份跨区域城管执法"首违不罚"统一清单，明确街面环境、生活垃圾、文明施工等领域的19项初次轻微违法行为，经教育整改可以不予处罚，积极营造包容、审慎的营商环境。2022年11月，与苏、浙两省住房和城乡建设厅联合印发《长三角生态绿色一体化示范区跨省毗邻区域城管执法协作规定（试行）》及《长三角生态绿色一体化示范区跨省毗邻区域城管执法协作指导意见（试行）》，明确案件线索和证据移送标准、协查取证规则，进一步研究细化执法协作规则。

第二节
Section 2

以扎实攻坚之势，促进跨区域城管执法协作持续深化

Promote Continuous Deepening of Cross-Regional Urban Management Law Enforcement Cooperation with a Solid Approach

上海市城管执法局立足主责主业，以落实长三角一体化发展等国家战略为牵引，紧盯社会关注、百姓关切的跨区域、跨部门、多主体城市治理难题顽症，坚持目标导向，充分调动、发挥各地城管执法部门积极性和优势，开展各类执法协作，促进区域城市市容环境面貌不断提升。

联合治理难题顽疾，共建长三角整洁美丽城市群。打造世界级城市群，构建区域市容面貌常态长效管理机制，不断落实科学化、精细化、智能化执法管控措施。2020年9月，上海市城管执法局联合苏、浙、皖城管执法主管部门研究制定《长三角地区城管执法系统联合执法整治行动方案》，重点聚焦非法运输处置建筑垃圾、露天焚烧、乱散发张贴小广告及无序占道设摊等违法行为，加大跨省、跨市联合执法整治力度，开展了为期3个月的执法整治行动。整治期间，沪、苏、浙、皖一市三省城管执法部门共开展跨省、跨市联合执法整治行动218次，查处各类违法行为1000余起，处罚金额1123万余元。2021年，持续开展沪、苏、浙毗邻区域联合执法行动。上海嘉定区局加强与邻近的江苏昆山、太仓合作，建立建筑垃圾、工程渣土重点点位数据库，形成跨区域执法整治

平湖市上海金山区联合行政执法队揭牌仪式

的高压态势；青浦区局积极拓展执法协作机制，建立青浦区、吴江区、嘉善县三地城管执法部门组成的联合执法队，合力打击共同管辖区域违法行为。2022年，上海金山与浙江平湖在张江长三角科技城成立联合执法队，率先在全国实现跨区域基层联合城管执法中队实体化、一体化运作。2023年，毗邻区域城管执法部门开展联合执法行动285次，拆除违法户外广告设施、店招店牌87块，处理占道经营案件123起，乱张贴、乱散发小广告案件55起。青浦区、嘉定区与毗邻区域江、浙城管部门建立联合行政执法队，推进"环淀山湖"区域四地联动执法联盟。

重拳打击固体废弃物外运，共创长三角美好生态环境。近年来，随着上海城镇化进程快速发展，城市更新持续推进，由于本地建筑垃圾消纳能力有限、处置费用较高等原因，向邻近省市非法倾倒建筑垃圾的案件时有发生。通过城管执法协作、信息共享等机制，沪、苏、浙、皖城管执法部门将查处固体废弃物跨区域偷运作为执法协作重点，并加强与环保、交通、公安交警等相关部门联动合作，始终保持高压严打态势。

上海嘉定、青浦、松江区和昆山市城管局以及苏州太仓等地城管部门，围绕执法互联、环境共治、服务共享等重点内容，先后签署6轮战略合作协议，致力于打造长三角一体化毗邻区域城市管理示范样板。"在长三角一体化共建协议机制下，安亭、花桥、白鹤三地实现了互融互通，通过整合行政资源，合力解决跨区域执法管理难题，形成常态化工作格局，高效助力市容市貌提升、街面环境维护、工程渣土管理、违法建设整治等工作。如今，三地城管在党建联建、联合执法、学习交流等方面都有着深入合作，今后也将探索更加多元化的联动机制。"上海嘉定安亭镇城管执法中队队长蒋建英说。

2023年7月，上海嘉定交警部门在安驰路六泉桥路口暂扣一辆核定载重量为16.16吨、满载工程渣土的重型自卸货车。嘉定安亭镇城管中队接交警部门案件和车辆移交，对该涉嫌违法的渣土运输车辆依法进行调查。经核查，该车辆近期在花桥范围内有涉嫌从事未经许可处置建筑垃圾的违法行为。中队完成处罚后，立刻联系江苏昆山花桥经济开发区综合行政执法局，监督车辆将原载渣土重新卸回安驰路六泉桥路装点，并顺利将车辆移交至花桥城管进行证据先行登记保存。安亭、花桥两地城管车辆证据顺利移交，完成了涉案车辆跨省移交的"零突破"。

昆山市城管执法大队副大队长龚兵表示：渣土治理方面，昆山与上海毗邻区城管执法部门紧盯交界处、高速出入口，通过组建执法联动微信群、设立联合执勤岗亭等形式，持续加强与毗邻区城管部门的交流协作，完善案件跨地移交、车辆异地查扣等执法协作，定期开展跨区域联合执法行动，下好毗邻区域管控"一盘棋"，共同打击跨区域建筑垃圾偷运偷倒行为，打出长效管理"组合拳"。

自 2020 年 7 月以来，毗邻区域城管执法部门已累计查处 127 件擅自倾倒工程渣土的案件，处罚金额 106 余万元。2023 年 7 月至 9 月，开展了为期 3 个月的毗邻区域建筑垃圾专项联合执法协作行动，持续加大对跨区域擅自倾倒、处置建筑垃圾的查处力度，建立了案件协查、联合查处、线索移送等机制，注重加强与环保、交通、公安交警等相关部门联动合作，始终保持高压严打态势，按照从严、从重、从快原则，对案件开展集中调查，长三角城管执法部门共查处跨省、跨市的建筑垃圾类案件 102 件，处罚 200 余万元，坚决打赢蓝天、碧水、净土保卫战，共同守护长三角绿色生态底色。

联合开展重大活动保障，共同营造长三角区域良好秩序环境。三省一市城管执法部门高质量、高标准做好长三角区域重大活动执法保障，坚持跨区域联动协同，探索形成毗邻区同步展开集中整治、常态管控的保障模式，已成为长三角城管执法部门新常态。

2019 年第二届进博会召开前夕，青浦城管执法部门邀请苏州吴江、浙江嘉善兄弟单位参加联合应急演练；2020 年第三届进博会召开期间，江苏城管执法队员参与了外围巡查保障活动任务。

2021 年 1 月，上海崇明、江苏南通城管执法部门举行"合力花博·联通联动"启动仪式及专项执法行动；长三角毗邻兄弟市县兄弟部门自 2021 年起连续两年受邀参加上海城管执法系统进博会"冲刺阶段"城市环境执法保障工作推进会，共同就城市群联合保障工作开展交流和共治研究。

长三角城管执法部门交流合作

近年来,三省一市城管执法部门高质量、高标准做好长三角区域重大活动执法保障,坚持跨区域联动协同,探索形成毗邻区同步展开集中整治、常态管控的保障模式,为自行车长三角公开赛等文体赛事,第四届、第五届、第六届进博会等重大活动提供强有力的执法保障,向国内外展商、游客展现了长三角城市群海纳百川、追求卓越的城市品质,也展示了城管执法队伍文明规范、昂扬向上的精神风貌。

第三节
Section 3

以党的领导为纲，带动长三角高质量发展之路奋勇向前

Uphold the Party's Leadership, Brave the Road of High-Quality Development in the Yangtze River Delta

上海市城管执法系统与长三角各级城管执法部门以"融合型党建"为切入点，进一步提升跨区域执法协作的组织力、行动力。以一体化的思路和举措打破行政壁垒，为长三角城管执法一体化协作提供坚强的政治保证。

一是坚持党建引领，推进更高水平的组织协同。深入学习贯彻习近平总书记在长三角一体化发展座谈会上的重要讲话精神，以党的政治建设为统领，注重发挥党把方向、谋大局、定政策、促改革的能力和定力，每年轮值召开长三角一体化城市管理综合行政执法协作机制会议，发布重大制度事项，交流成效举措，共商发展大计。

积极发挥三省一市城管执法基层党组织作用。目前，已有30余家省际毗邻区域基层中队签订对口党建联建协议。上海金山枫泾镇与浙江嘉兴平湖市以伟大建党精神为引领，在地处沪、浙毗邻区域的张江长三角科技城建立了长三角首支实体化运作的联合行政执法队，共同开展园区企业检查和服务。上海嘉定安亭镇和江苏昆山花桥镇城管执法中队党支部联合建立执法岗亭，上海黄浦与浙江杭州、嘉兴，江苏宿迁等地市城管执法局成立长三角城管执法女子班组红色联盟，相互学习借鉴，为跨区域执法协作提供示范引领。

二是坚持融合融入，推进更高层次的治理理念认同。通过实地走访、驻队跟训、案卷评查、异地督查等方式，把跨区域组织执法队员学习交流作为区域协作的重要内容，推动相互学习借鉴。2020年7月召开首次长三角一体化城市管理综合行政执法协作机制会议以来，沪、苏、浙、皖城管执法系统聚焦城市治理、队伍管理、智慧建设等主题，累计组织1100余人次参加跨区域交流学习、驻队训练，有力推动长三角城管执法整体水平的提升。同时，自2020年起，上海市城管执法局主要领导率机关相关处室及部分区局领导，先后赴宁波调研学习"非现场"执法经验，赴苏州、嘉兴调研综合执法体制改革及城管执法数字化建设做法，至安徽合肥、六安两市实地学习考察城管执法工作，深入学习借鉴长三角兄弟城市城管执法工作的好经验、好做法。

长三角城管执法部门联合检查跨境建筑垃圾运输源头

三是坚持舆论引导，推进长三角城管执法宣传同频共振。正确把握舆论导向，坚持正面宣传与舆情引导并举，积极宣传三省一市推动国家战略在城管执法领域落地生根工作成果，努力扩大城管执法区域合作的影响力。

2023年10月，在昆山召开"毗邻同谱长三角 携手共进新征程"长三角一体化毗邻区执法协作专题培训，苏州、南通、杭州、嘉兴、六安、马鞍山、昆山等地城管执法系统业务骨干，上海市局、各区局、执法总队中队长代表及《上海城管执法》通讯员共计60余人参加培训。专题培训邀请著名专家、学者，围绕百年大变局之应对、长三角执法协作等内容进行专题授课，围绕长三角三省一市毗邻区执法协作经验及重点合作领域共建互学，参训学员从执法联动、党建联建、宣传普法、数字赋能等方面进行主题交流，形成以学促行、以行践学的良好氛围，为长三角一体化协作发展凝聚智慧与力量。

2020—2023年，累计在新华社、《中国建设报》、央广网、国务院门户网站等中央、省市主流媒体平台刊登长三角城管执法协作类宣传稿件50余篇次，充分展现了新时代长三角城管执法队伍的新形象、新作为。开设首个部门微信公众号"长三角城管综合行政执法"，组织开展长三角城管执法创新模式、先进典型经验、普法宣传等宣传工作，构建长三角城管执法学习交流和对外宣传新载体和新平台。

推进长三角一体化城管执法协作工作，责任重大、使命光荣。长三角区域各级城管执法部门正沿着携手共进、协作共享的高质量发展路径，不断坚定决心信心、紧密协作协同、着力攻坚克难，共同推进一体化协作走深走实，把长三角一体化高质量发展美好蓝图转化为现实美景。

《中国建设报》报道长三角城管执法部门合作

结语
Conclusion

城市治理工作好不好，要大家说了算

编者按：当我们讨论"一流城市要有一流治理"时，城市治理的参与者是广大的市民群众，城市治理的服务对象也是广大的市民群众，正是"人民城市人民建、人民城市为人民"的应有之义。书近尾声，要总结城市治理工作好不好，应该要大家说了算；要展望未来城市治理工作如何做，也要听取各方面的意见与呼声。我们特别邀请来自上海城管系统内外的四位嘉宾，以问答的形式，畅谈他们心中的城市治理工作。

受访者：

刘　平　华东师范大学特聘教授、长三角一体化法治研究院院长

雪　瑾　上海东方广播中心首席主持人

朱慧敏　上海市松江区城管执法局党组书记、局长

夏　伟　上海市青浦区重固镇城管执法中队队长

第一问：

创新社会治理以推动人民城市建设，是上海近年来特大城市发展的重要途径之一。近五年来，上海城管部门是如何践行"人民城市"理念的？

刘平：

近年来，上海城管执法改革可以说始终贯穿"人民城市"的理念，这里我着重就执法特点展开讲。梳理上海城管执法改革的脉络，其中非常重要的一点就是从"以条为主"的执法向"以块为主"的综合执法转变。比如，最早承担的是市容环境管理和指导，最后延伸到12个部门执法的内容。与此同时，城管执法下沉到街镇，必须承担条与条之间的协调、监督和规范的责任，充当了"连接者"的角色。这些都决定了城市治理中最基层的、直接面对老百姓的、难度较高的执法内容，都集中到城管这里，因此，城管执法体现出了"兜底"的特征。正是直接跟老百

姓打交道，使得执法全过程必须贯穿"以人民为中心"的理念。

夏伟：

城市是每个市民的家园，我感觉我们上海城管部门在引导市民参与社会治理、提高市民城市归属感方面做得非常细致到位。例如，每年定期开展以"献策城市管理，共建美好家园"为主题的人民建议征集活动，聚焦完善治理体系、破解难题顽症、提升执法实效、展示队伍形象。

又例如，发挥城管社区工作室优势，将人民建议征集工作触角延伸到社区、企业和群众家门口，以工作室为载体主动征求群众意见、建议，并针对群众反映的问题实施督促整改，发布"崇法善治、忠诚为民、公正清廉、砥砺奋进"16字城管执法行业精神，培育行业先进文化，凝聚行业发展正能量。这些都是上海城管执法部门的特色。

拿青浦区重固镇来说，2023年年上半年，重固镇党委与青浦区城管执法局党组联合推出"党建引领基层治理 城管助力精致小镇"主题活动，以佳孚精品城管工作室为试点，打造"小小城管员"品牌项目，为儿童参与城市管理工作搭建平台。通过培育"小小城管员"，让更多的孩子以观察员、小记者、提案者等多重身份参与到城管工作及幸福社区建设中来，用"小手"牵起身边的"大手"，进而增进市民对城市管理工作的理解、支持和配合，不断探索基层社区治理新路径。

雪瑾：

梳理上海广播电视台《民生一网通》栏目的民生案例，可以发现，我们关注的民生求助，无论是社区治理中常见的垃圾分类管理、业主违法搭建拆除，还是涉及城市管理的设摊经营、共享单车停放等问题，都和城管执法局的工作范畴密不可分，因此我们也一同见证了城管工作在"人民城市人民建"理念下的探索和创新之变。

城市的建设和发展需要依靠人民群众的力量，"人民城市人民建"的当下强调人民群众参与的主体地位，也意味着城市规划和建设的决策应该秉持以人民为中心，充分考虑人民群众的利益和需求，广泛征求民意，让人民群众参与到城市建设和发展中来。而城管部门是城市管理的主要力量，负责协调和监督城市的各项建设和管理工作，保障城市的发展运转和公共利益的维护。在实践中，唯有更好地理解"人民城市人民建"的理念，才能体现城市管理和服务工作一直秉持的以人民为中心、服务大局、创新高效、"法治+情治"的原则和价值观。

朱慧敏：

城管执法工作开展得好坏直接关系到城市整体形象和法治化水平，关系到人民群众对品质生活的追求。在深入贯彻落实习近平法治思想和"人民城市"重要理念的过程中，我认为，城管未来发展的大方向是明确且坚定的，简要来说，就是始终坚持法治道路，同时融入更多的人文精神，更好地满足人民群众对美好城市生活的更高期待。对于具体从事城管执法工作的队伍而言，我们期望未来可以把"一支专业队伍管执法"的道路越走越宽，越来越符合城市治理和人民群众的深层次期待。

城管执法队员参与进博会保障工作

第二问：

随着城市的建设发展，城管工作的内涵和外延在不断变化，对精细化提出了更高的要求。上海的相关工作实践中有哪些值得推广的探索和创新经验？

刘平：

首先需要明确的一点是，城管执法改革的很多探索，尤其是行政执法相关部分，并非城管所特有，而是贯穿在整个国家和社会行政执法改革目标之中的。但具体来看，我们也能看到，在这其中，城管的改革又相对走在前列，比如关于行政处罚裁量基准的研讨和制定。2014年，上海市城管执法局就规定了工程渣土、餐厨废弃油脂处置收运、古树名木保护等方面的自由裁量基准。如前所述，城管的工作涉及12个部门的执法内容，这也意味着其所受的约束也相对较多，因此，这一项工作是颇具难度、值得铭记的。

再如，2019年3月14日，上海《市场轻微违法违规经营行为免罚清单》诞生，明确列出市场监管、消防领域34项违法行为轻微不罚的具体标准，其中，城管领域是备受关注的领域之一。2020年4月底，上海城管部门就城管领域轻微违法行为依法不予行政处罚清单向社会公开征求意见；2020年8月，上海市城管执法局、上海市司法局联合出台上海市《城市管理轻微违法违规行为免罚清单》，这也是城管领域国内首个省级轻微违法行为依法不予行政处罚清单。清单共明确了12项不予行政处罚的轻微违法事项，涉及市容环卫、文明施工、房产经纪管理等方面，主要是对一些社会危害性较轻的违法行为在首次被发现、及时改正且没有造成危害后果的情况下不予行政处罚，给市场环境等带来了非常积极的引导。

朱慧敏：

现在，上海城管已经成为一支跨部门、跨领域的综合执法队伍，松江区局现有行政处罚事项535项，全部集中行使了市容环境卫生方面的行政处罚权，部分集中行使绿化、水务、环保、房管、工商、建设等其他领域行政处罚权。这也意味着有相当一部分的领域存在城管执法和行政主管部门两个执法主体,承担不同的职责分工。这对城管队员的专业执法能力提出了更高的要求,队员们除了要坚持严格落实依法行政的刚性要求外,更要懂得行业领域的专业知识。而从目前的城管日常执法实践来看,往往在这一块新增领域执法效果不及预期。未来,无论是从宏观层面继续深入推进体制机制改革、划细法律法规边界,还是在城管体系内部开展系统性、常态化的专项专业培训,"专业队伍管执法"必然是城管未来发展的大方向。

夏伟:

我认为,过去几年城管工作最大的突破主要体现在两个方面。一是始终把依法行政作为解决群众反映问题的突破口和重要抓手。通过把相关数据导入执法办案系统,实现案件转办全过程记录,推动了群众反映问题的有效处理。为从根本上破除障碍,我们对群众问题办理和违法行

城管执法队员进行垃圾分类检查

为查处等工作的衔接、流转、落实、反馈等方面作了进一步明确。实现依法分类与执法办案的有效结合，改变了以往以调代罚、以调代处的工作局面，有效弥补了行政调解手段的不足，通过及时对违法行为立案查处，防止了违法侵害的扩大和蔓延，有效防范同类侵权行为再次发生。通过整合资源，建立条块互助、上下互动的执法机制，也提高了案件查办能力。

二是上海城管信息化建设实现了跨越式发展。市局综合指挥监管平台，提升了全系统统一指挥和监督管理能力。在全系统推广应用网上办案、网上勤务、网上督察、网上考核、网上诉处等核心业务系统，提升了执法办案透明度和公正性，提升了队伍管理规范化和科学性，提升了城管执法日常工作效能。全面推广执法车辆北斗定位和车载视频、单兵执法记录仪和执法终端等装备配置，提高了全系统装备信息化水平。

第三问：

当前，上海正在加速推进城市数字化转型，这一发展思路将为城管工作带来什么样的挑战？又指明了怎样的方向？

朱慧敏：

城管数字化转型是一项系统性、时效性工程，需要坚持不懈地长期建设和更新应用。松江区局"智慧城管"建设自2014年从零起步，经过几年的全面建设和推广应用，区局三级智慧平台数据基座日益成熟，配合一线执法队员的移动执法终端、执法记录仪、便携式蓝牙打印机等单兵执法装备，逐步建成上传下达、及时感知、快速处置的扁平化指挥模式，实现了勤务接单、一线执法和社区服务的网上响应。在此基础上，松江城管着手推广全流程非现场执法办案应用，集合街面公共监控视频、"随申办""上海城管"App等，积极串联执法办案各环节，通过发现并固证街面违法行为、电子送达法律文书、简易程序案件线上开单、扫码缴罚等，全力破解执法办案中现场查获难、文书送达难、长效管控难等问题。

我们希望抓住当前科技飞快进步的历史机遇,让当前这些有益探索在某个阶段以串珠成链,以星火燎原之势,将物联、互联甚至更前沿的信息技术手段全面融入城管数字化建设过程中,持续提高城管执法在城市治理中的法治化、精细化、专业化水平。

夏伟:

一流城市要有一流治理,数字化正谱写着新时代"城市,让生活更美好"的新篇章。数字化转型是党的二十大提出的重要发展方向之一。这对我们城管工作也提出了很大的挑战。我们要积极贯彻落实党的二十大精神,聚焦数字化、智能化、创新性,坚持谋划为先、应用为王、技术为基、制度为要,积极融入"两网"建设,激发外部动能,积蓄内部势能,构建"城管数字治理"新模式。

未来,要探索更加完善科学的"智慧城管"管理系统,将城市精细化的人、事、物数据化,形成城市管理专题数据图层,实现图上有三维、图中有点位、图下有管网的三维立体应用场景,智慧管理系统要能随时查看、掌握街面城管执法队员的分布位置,结合管理部门和执法部门的职责分工,从而快速准确地向事发地最近区域的执法队员派发工作指令,执法队员通过"智慧城管"执法终端,远程接收指令,开展现场执法,并第一时间反馈处理结果,对需要其他部门配合,或经现场核实,不属于城管管辖的事项可以快速高效地转至相关部门。快捷的联勤联动使"一网统管"平台的触角反应更灵敏,不让"病症"过夜,不让民生受阻。

刘平:

城市的数字化跟国家法治政府建设的目标是一致的,其中非常重要两个内容,分别是科技赋能("互联网+监管")和突发事件的应对。城市管理和行政执法都离不开互联网的作用。无论是智慧城市、"互联网+监管"、非现场执法还是"一网统管",其内涵本质上是一样的,即要求从传统的人的现场执法到依靠互联网技术和设备执法,增强执法的科学性、稳定性、持续性和客观性。在探索过程中,上海城管也形成了一些

城管执法队员进商铺开展检查和普法工作

比较好的经验。比如,"智慧城管"系统平台上,执法综合指挥监管平台板块中的建设工程垃圾运输车辆非现场执法模块(城管、交警联合执法)与网上办案系统板块中的"非现"案件模块相关联,为"非现"案件的办理提供了有力支撑。

　　需要指出的是,在这一过程中,有些领域的推广相对简单,比如电子警察,对违法行为的捕捉较为精准,但是对于深入社区和基层的城管来说,互联网的作用仍然有限。因此,城管进社区仍然有赖于网格化管理和现场执法队伍,然后在此基础上,结合非现场执法。对于一线执法城管来说,如何选择有效的执法方式,需要进一步探讨和实践。

第四问:

　　上海是创新发展的排头兵,也是各项制度创新"试验田"的集合地。在这片土地上推进城管工作,有哪些与众不同的地方?

　　　　朱慧敏:

　　可以预见的是,城管将成为一支更富专业知识的综合执法队伍。上海从 1990 年开始探索城管综合执法模式；2015 年，单列市、区城市管理行政执法局，建立了市、区、街镇三级城管执法体制；2020 年，依法确立乡镇、街道主体地位，以乡镇、街道名义统一行使辖区内相对集中的行政处罚权以及法律法规规章规定的执法职责。可以说，上海城管在"一支队伍管执法"方面取得了持续且富有成效的实践探索。

夏伟：

上海城管迄今已经历了 30 多年的发展历程，发生了翻天覆地的变化，取得了令人瞩目的进步，已成为全国城管执法系统改革开放的先行者和创新发展的排头兵。当前，上海正加快建设"五个中心"和具有世界影响力的社会主义现代化国际大都市。进入新时代，上海城管呈现出以下三个特点：

一是体制完善。城管执法体制改革取得重大突破，完善了市、区、街镇三级执法体系，实现了"重心下移、力量下沉"，基层中队实行"镇属镇管镇用""区属街管街用"两种模式，有效提升了基层综合执法效能。

二是法制健全。颁布实施《上海市城市管理行政执法条例》及其实施办法，夯实了执法工作法制基础；出台队伍建设、执法办案、勤务管理等相关规定，健全了城管执法制度规范。

三是"人制"先进。上海市全体城管执法人员实现参公管理，提升了队伍正规化水平；推进行政执法类公务员分类管理改革，绩效考核向一线办案队员倾斜，与办案质量挂钩，初步建立了符合执法职业特点的管理制度体系。

雪瑾：

可以看出，城管在职能范围内对问题进行排序，突出民生优先。首先，城管部门近年来积极把改善民生放在工作的首位，注重解决与人民群众生活息息相关的实际问题，如治理交通拥堵、清理垃圾、拆除违建、协调噪声油烟扰民等。同时，城管部门还善于在治理中发挥"情治"的作用，面对不懂法而违法的对象，也能从个体关心的角度提供必要的帮

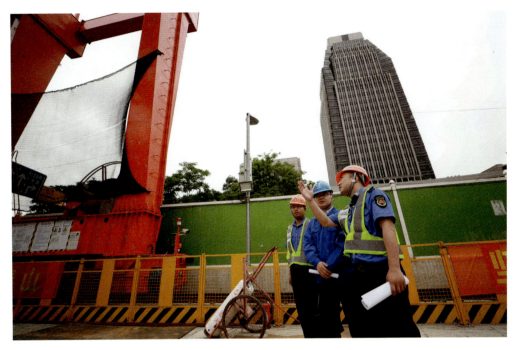
城管执法队员进工地开展检查和普法工作

助,如帮助租客向违法出租的二房东索讨租金等,让人民群众感受到城市的温暖和关怀。

其次,城管通过城管开放日等活动鼓励公众参与城市管理,也取得了很好的成效。近年来城管部门积极鼓励公众参与城市管理,通过开展城管开放日、志愿服务、人民建议征集等方式,让公众对城市管理的工作更了解,同时有更多参与感和获得感。未来城管部门还应加强对城市管理的监督和检查,确保市民参与城市管理的质量和效果。

刘平:

出台《城市管理轻微违法违规行为免罚清单》是上海城管部门优化营商环境的重要举措,目前实施的1.0版清单涵盖了城管部门处罚频次较高的执法领域,未来还会推出2.0版,并持续扩展优化。城管领域实施轻微违法行为依法不予行政处罚,给予了市场主体包容空间,加上城管队员的教育、指导，将切实帮助市场主体依法合规发展，提升生产经营者的获得感和感受度。事实上，从我们的调研结果来看，该清单推出后受到了市场主体、行业协商商会、执法单位和部分人大代表、政协委员等一致好评，对上海积极营造良好的营商环境，吸引外资、建设国际金融中心等都作出重要贡献。

第五问：

展望未来，您觉得立足上海建设具有世界影响力的社会主义国际化大都市定位，城市治理的锚点应该如何确定？有哪些方向和思路？

刘平：

我们原来是先从体制入手，然后再完善相关机制，包括相对集中行政处罚权，下一步还是要回到探索体制，理顺体制的改革逻辑。我觉得这关系到两端，一个到底层，即街镇的综合执法要确保落地。街镇的综合执法体制改革成功，也就意味着城管的综合执法体制的成功。此前，学界和业界对于是否赋予街镇综合执法权都有不同的意见，这折射出一个问题，就是改革落地难。事实上，目前对此还在探索中，街镇能否承担起完整的综合执法任务，是承担一个纯粹的行政执法的使命，还是承担更多包括管理、应急的任务，都是值得探讨的。另一个是看顶层，应进一步理顺市级城管部门同区、街镇的关系，尤其是要明确市级城管部门的权属关系，从而保证工作更加扎实稳步推进。

转换视角，站在老百姓角度看，城管执法改革最为重要的一点，是要进一步提升执法的温度。不同于其他机构部门，城管直接面对老百姓，其中不少是社会的弱势群体，因此在执法过程中，既要讲究力度，也要讲究温度，要进一步提高柔性执法水平，这是恒久的课题。

夏伟：

上海城管工作的"新起点"要有全局性眼光，我觉得基层要以系统性思维，形成发现问题、解决问题、总结经验、强化指导的工作闭环，在办案针对性、调度科学性、方式创新性、结果应用性上下功夫，更好地引领示范带动全系统工作。

坚持执法办案主线，夯实主业主责。落实关于加大重点领域执法力度要求，系统设计全年专项执法项目，坚持常态管控和专项执法相结合，保持人均办案力度；要讲程序、重规范，抓办案质量要项目化、具体化，定期开展案卷评查、执法案例指导、典型案例分析，提高执法办案规范化水平；要把握好执法的尺度和温度，服务优化营商环境大局。

雪瑾：

"人民城市人民建"的目标是让每一个生活在城市的个体都能享受城市生活的便利和美好，它包含着宜居的城市环境、便利的交通和舒适的公共空间、触手可及的公共服务。每个人都能在城市生活里享有平等的机会参与城市治理和发展，在社区空间里和周边邻里建立良好的社区关系，获得认同并拥有归属感。

展望未来，我认为，城管部门应进一步发挥城市管理的职能特色，营造共建共享的城市文化。以生活垃圾分类为例，通过城管队员走进社区、商户、企业，在执法之前进行普法宣传，引导市民积极参与生活垃圾分类，普法在先的效果明显。未来更应该积极营造共建共享的城市文化，通过开展宣传教育、举办文化活动、推广文明行为等方式，加强社会公德、个人品德等方面的教育，引导市民树立正确的城市管理观念和意识。同时，城管部门还应该积极提升城市文化的多样性和包容性，让不同文化背景的市民都能够共同参与城市管理，共建美好家园。

Editor's Note: When we discuss "A first-class city must have first-class management," the participants, as well as the recipients in urban governance are the citizens. This is the rightful essence of "building a people's city for the people." As we approach the conclusion of this book, it is crucial to assess the effectiveness of city governance by ensuring that everyone has a say. Looking ahead to how urban governance should proceed in the future also requires listening to opinions and voices from all quarters. We include four guests from within and outside the Shanghai Urban Management system for a dialogue to express their thoughts on urban governance in a Q&A format.

Interviewees:

Liu Ping: Specially Appointed Professor at East China Normal University, Director of the Yangtze River Delta Integration Rule of Law Research Institute.

Xue Jin: Chief Host at Shanghai East Radio.

Zhu Huimin: Secretary of the Party Committee and Director of Songjiang Branch of Shanghai Urban Management Law Enforcement Bureau.

Xia Wei: Captain of the Zhonggu Urban Management and Law Enforcement Brigade in Qingpu District, Shanghai.

Question 1:

Innovating social governance to promote the construction of the people's city, this has been an important approach for the mega-city development of Shanghai in recent years. How has the Shanghai Urban Management system implemented the concept of "people's city" over the past five years?

Liu Ping:

In recent years, the reform of urban management law enforcement in Shanghai has been infused with the concept of "people's city." Here, I will elaborate on the characteristics of law enforcement. Reviewing the evolution of Shanghai's urban management law enforcement, a crucial aspect is the shift from practices primarily based on regulations ("以条为主") to a comprehensive law enforcement that focuses on blocks ("以块为主"). For instance, the system was initially responsible for managing and guiding the city's appearance and environment, then it has extended to the enforcement of content from 12 sectors. Simultaneously, law enforcement has decentralized to streets and towns, where it must coordinate, supervise, and regulate responsibilities before enforcing specific regulations, playing the role of a "connector." These factors determine that the most basic, direct, and challenging law enforcement content in urban governance converged to the urban management system. As a result, urban management law enforcement team exhibits the characteristic of providing a "bottom line." Direct interaction with the people throughout the entire process necessitates the integration of the concept of "people-centered governance."

Xia Wei:

The city is the home of every citizen, and I feel that Shanghai Urban Management department has been very meticulous in guiding citizens to participate in social governance and enhancing citizens' sense of belonging to the city. For example, we regularly conduct People's Proposal solicitation activities with the theme "Contributing Suggestions to Urban Management, Co-building a Beautiful Home." These activities focus on improving the governance system, solving stubborn problems, enhancing law enforcement effectiveness, and showcasing the team's image.

Additionally, leveraging the advantages of urban management community studios, we extend the solicitation of people's proposals to communities, businesses, and the doorsteps of residents, actively seeking opinions and suggestions from the public through these studios. We address issues raised by the public, implement supervision, and rectify problems, demonstrating the spirit of urban management law enforcement: "Respecting the law, being good at governance, being loyal to the people, and being just, clean, and enterprising." We cultivate advanced cultural values in the industry, consolidating positive energy for the industry's development. These are the distinctive features of the Shanghai Urban Management and Law Enforcement Department.

Taking the example of Zhonggu Town in Qingpu District, in the first half of 2023, Zhonggu Town Party Committee, together with the Party Committee of the Urban Management and Law Enforcement Bureau of Qingpu District, jointly launched the theme activity "Party Building Leading Grassroots Governance, Urban Management Assisting the Refined Town." Using the "Jiafu Boutique Urban Management Studio" as a pilot, we created the "Little Urban Management Officer" brand project, establishing a platform for children to participate in urban management work. By nurturing "Little Urban Management Officers," more children are engaged in urban management practices and the construction of a happy community through roles like observers, reporters, and proposal presenters. By involving children in this way, we aim to enhance citizens' understanding, support, and cooperation with urban management law enforcement, continuously exploring and innovating new paths for grassroots community governance.

Xue Jin:

Reviewing the "People's Livelihood" section of Shanghai Radio and Television Station, we can see that the people's livelihood cases we focus on, whether common issues like garbage classification, the removal of illegal constructions by property owners, or issues related to urban management such as street vendors and shared bicycle parking, they are all closely intertwined with the comprehensive administrative law enforcement undertaken by the Urban Management and Law Enforcement Bureau. Consequently, we have witnessed the exploration and innovation of urban management work in the current context of "People's City Constructed by People."

The construction and development of a city relies on the power of the people. The current emphasis on "People's City Constructed by People" underscores the central role of people's participation. It also implies that decision-making in urban planning and construction should adhere to a people-centered approach, fully consider the interests and needs of the people. This requires us to widely solicit public opinion, and involve the people in the construction and development of the city. The "Urban Management" department is a major force in city management, responsible for coordinating and supervising various construction and management tasks, ensuring the growth and operation of the city, and safeguarding public interests. In practice, only by better understanding the concept of "people" can the principles and values of city management and service work, always adhering to the people-centered, service-oriented, innovative and efficient, legal and emotional principles, be embodied.

Zhu Huimin:

The success or failure of urban management and law enforcement directly relates to the overall image and the level of legal governance of the city, and it concerns the pursuit of a quality life by the people. In the process of deeply implementing Xi Jinping Thought on the Rule of Law and the "People's City" construction concept, I believe that the future development direction of urban management is clear and firm. In brief, to adhere to the rule of law while incorporating more humanistic spirit, to meet the higher expectations of the people for urban life. For the specific workforce engaged in urban management and law enforcement, we hope that in the future, the path of "managing law enforcement with a professional team" will become broader, and increasingly align with the deep-seated expectations of urban governance and the people.

Question 2:
With the development of a city, the connotation and extension of urban management work are changing, posing higher requirements for refinement. What are the exploration and innovative experiences in Shanghai's relevant work practices that are worth promoting?

Liu Ping:

Firstly, it needs to be clarified that many explorations in urban management and law enforcement reform, especially those related to administrative law enforcement, are not unique to urban management but are integral to the overall goals of national and social administrative law enforcement reform. However, here in Shanghai, we can observe that it has been a pioneer of these reforms, such as the discussions and formulation of standards for administrative penalty discretion. In 2014, the Shanghai Urban Management and Law Enforcement Bureau established discretionary standards for aspects like disposal and collection of construction waste, recycling of kitchen waste oil, protection of ancient trees and famous trees. As mentioned earlier, urban management involves law enforcement content from 12 sectors, indicating a relatively high level of constraints. Therefore, this work is quite challenging and noteworthy.

For instance, on March 14, 2019, the "List of Minor Illegal and Irregular Business Operations Exempt from Penalties in the Market" was introduced in Shanghai. It clearly outlined specific standards for 34 minor violations in the fields of market supervision and fire control, where minor penalties would not be imposed. The ones in urban management field were closely watched. By the end of April 2020, the Shanghai Urban Management Department publicly solicited opinions on the list of minor violations in the urban management field that would not be subject to administrative penalties in accordance with the law. In August 2020, the Shanghai Urban Management and Law Enforcement Bureau and the Shanghai Judicial Bureau jointly issued the "Shanghai Municipal Administration for Urban Management List of Minor Violations and Irregularities Exempt from Penalties," the first provincial-level list of minor violations exempt from administrative penalties in the urban management field. The list clarified 12 minor violations not subject to administrative penalties, covering aspects such as urban sanitation, environment-considerate construction, and real estate brokerage management. It has had a very positive guiding influence on the market environment.

Zhu Huimin:

Currently, Shanghai's urban management team has become a comprehensive law enforcement team that spans departments. The Songjiang District Bureau currently has 535 administrative penalty items, all concentrated in exercising administrative penalty powers related to urban sanitation, some also concentrated in areas such as greening, water affairs, environmental protection, housing management, industry and commerce, and construction, etc. This means that there are two law enforcement entities, the urban management law enforcement and the administrative authorities, in quite a few areas, with different responsibilities. This poses higher requirements for the professionality of urban management officers. In addition to strictly adhering to the requirements of lawful administration, they must also understand the professional knowledge in various fields. From the current practices of urban management, it is found that the law enforcement effects in these newly added areas are not as expected. In the future, whether further advancing institutional and mechanism reforms and defining the boundaries of laws and regulation at the macro levels, or conducting systematic and regular specialized training within the urban management system, "managing law enforcement with a professional team" will undoubtedly be the direction for the future development of urban management.

Xia Wei:

I believe that the biggest breakthrough in urban management work over the past few years is mainly reflected in two aspects. First, always treat administrative law enforcement as a breakthrough and an important starting point for solving issues raised by the public. By importing relevant data into the law enforcement case handling system and recording the entire process of case transfer, it has promoted the effective handling of issues raised by the public. To fundamentally eliminate obstacles, we have made further clarifications in the connection, circulation, implementation, and feedback of the handling of public issues and the investigation of illegal activities. Combining law-based classification with law enforcement case handling effectively changed the previous situation of using coordination instead of punishment, and compensated for the inadequacy of administrative mediation methods. By timely filing and handling of illegal activities, it prevented the expansion and spread of illegal infringements, effectively preventing the recurrence of similar violations. By integrating resources and establishing a law enforcement mechanism with mutual assistance and interaction between blocks, we have also improved the ability to handle cases.

Secondly, Shanghai's urban management information construction has achieved leapfrog development. The city bureau's comprehensive command and supervision platform has enhanced the unified command and supervision management capabilities of the entire system. The promotion and application of core business systems such as online case handling, online duty, online inspection, online assessment, and online complaint handling throughout the system have improved the transparency and fairness of law enforcement case handling, standardized and scientific management of the workforce, and the efficiency of daily urban management law enforcement work. The comprehensive promotion of equipment such as Beidou positioning and in-car video for law enforcement vehicles, individual law enforcement recorders, and law enforcement terminals has improved the informationization level of the entire system's equipment.

Question 3:
Currently, Shanghai is accelerating its urban digital transformation, and this development approach poses what challenges for city management work? What direction does it indicate?

Zhu Huimin:

The digital transformation of urban management is a systematic and timely project, requiring persistent long-term construction and application updates. Songjiang District's "Intelligent urban Management" initiative, starting from scratch in 2014, has matured its three-tier intelligent platform data foundation. Alongside the mobile enforcement devices, law enforcement recorders, and portable Bluetooth printers used by frontline enforcement officers, it has gradually established a flat-command mode for uploading, perceiving promptly, and quickly handling tasks. This has realized online responses for duty assignment, frontline law enforcement, and community services.

Based on this, Songjiang urban management team is actively promoting the whole process non-site enforcement and case handling application. They integrate public surveillance videos, "Suishenban", the "Shanghai Urban Management" APP, and actively connects various stages of law enforcement and case handling. The team discovers and solidifies street violations, electronically delivers legal documents, handles simplified procedure cases online, and facilitates penalty payments via scanning codes. These efforts are dedicated to solving challenges in law enforcement, such as difficulties in on-site capture, document delivery, and long-term control.

We hope to seize the historical opportunity presented by the rapid progress of technology. We aim to connect these beneficial explorations in a chain-like manner, igniting a spark that comprehensively integrates IoT, the Internet, and even more cutting-edge information technology into the process of urban digital construction, aiming to continuously enhance the legal, precise, and professional levels of urban management enforcement in city governance.

Xia Wei:

A first-class city must have first-class management. Digitalization is scripting a new chapter in the era of "cities making life better." Digital transformation is one of the important development directions proposed at the 20th National Congress of CPC. This presents significant challenges for our work, and we must actively implement the spirit of the 20th National Congress of CPC focusing on digitalization, intelligence, and innovation. We would emphasize planning, application, technology, and system, and actively integrate into the construction of the "two networks," harness external energy, accumulate internal potential, and construct a new model of "urban digital governance."

In the future, we need to explore a more refined and scientific "Intelligent Urban Management" system. This involves digitizing the intricate details of people, events, and objects, creating specialized data layers for urban management. The goal is to achieve a three-dimensional application scenario with 3D scenes on the map, positional points in the map, and an underground network. The system should enable real-time monitoring of the distribution of urban management enforcement teams on the streets. Combining the responsibilities of management and law enforcement departments, it aims to swiftly and accurately dispatch instructions to the nearest block to an incident, where enforcement teams, equipped with "Intelligent Urban Management" portable terminals, can remotely receive instructions, conduct on-site enforcement, and promptly provide feedback on the results. For matters that require collaboration with other departments or, after on-site verification, fall outside the jurisdiction of urban management, they can be efficiently and swiftly transferred to the relevant departments. The agile joint operations ensure the "Unified by one Network Management" platform's tentacles respond more sensitively, preventing issues from lingering overnight and ensuring that people's livelihoods are not obstructed.

Liu Ping:

The digitization of cities aligns with the goal of building a rule of law government in the country, emphasizing two crucial aspects — technological empowerment (Internet + regulation) and response to emergencies. Both urban management and administrative law enforcement call for the Internet to play a role. Whether it's intelligent cities, Internet + regulation, non-site law enforcement, or unified management through networks, their essence is essentially the same. It requires transitioning from traditional on-site enforcement by individuals to Internet technology and device-supported enforcement, enhancing the scientific, stable, continuous, and objective nature of law enforcement. In the exploration process, Shanghai urban management has accumulated some valuable experiences. For example, on the "Intelligent Urban Management" platform, the non-site enforcement module for construction waste transport vehicles in the law enforcement comprehensive command and supervision section (jointly managed by urban management department and traffic police) is linked with the "non-site" case module in the online case handling section. This linkage provides robust support for the handling of "non-site" cases.

It should be noted that in this process, the promotion in some areas is relatively straightforward, such as electronic law enforcement, which captures illegal activities with high precision. However, for urban management that goes deep into communities and grassroots, the role of the Internet remains limited. Therefore, the entry of urban management into communities still highly relies on grid-based management and on-site law enforcement teams. Subsequently, a combination with non-site law enforcement is considered. For front-line law enforcement urban management team, further exploration and practical experience are needed to determine how to choose effective enforcement methods.

Question 4:

Shanghai is a pioneer in innovative development and a gathering place for various institutional innovation. What makes urban management work distinctive here?

Zhu Huimin:

It can be anticipated that urban management team will become a more professionally knowledgeable comprehensive law enforcement one. Shanghai has been exploring the comprehensive law enforcement model since 1990. In 2015, both city-level and district-level urban management administrative law enforcement bureaus were established, creating a three-tier urban management law enforcement system at the city, district, and street-town levels. In 2020, the primary position of towns and streets was legally established, unifying the exercise of relatively concentrated administrative penalty powers and lawfully stipulated law enforcement responsibilities within the jurisdiction in the name of streets and towns. It can be said that Shanghai's urban management has achieved continuous and effective practical exploration in the "one team practicing law enforcement."

Xia Wei:

Shanghai's urban management has undergone more than 30 years of development, experiencing earth-shaking changes and making remarkable progress, becoming a pioneer in the reform and opening up of the national urban management law enforcement system and innovative development. Currently, Shanghai is accelerating the construction of the "Five Centers" and an international socialist modern metropolis with global influence. In the new era, Shanghai's urban management exhibits three characteristics:

Institutional Improvement: Significant breakthroughs have been made in the reform of the urban management law enforcement system, enhancing the three-level law enforcement system at the city, district, and street-town levels. This has led to a "shift of focus and decentralization of power," with grassroots teams adopting two models: "towns managing towns for town use" and "districts managing streets for street use." These changes have effectively enhanced the overall efficiency of grassroots law enforcement.

Legal System Improvement. The implementation of the "Shanghai Urban Management Administrative Law Enforcement Regulations" and its enforcement measures has solidified the legal foundation of law enforcement work. The introduction of regulations related to team building, law enforcement case handling, and duty management has enhanced the normative system of urban management law enforcement.

Advancement in Personnel Management. All urban management law enforcement personnel in Shanghai have transitioned to a public management system, elevating the standardization level of the workforce. The initiation of reforms in the classification management of administrative law enforcement civil servants, performance assessments inclined towards frontline case-handling members linked to case quality, has established a preliminary management system in line with the characteristics of law enforcement professions.

Xue Jin:

It can be observed that within its functional scope, the urban management prioritizes and addresses issues, with a clear emphasis on the well-being of the people. In recent years, the urban management department has actively placed improving the livelihood of the people at the forefront of its work. It focuses on addressing practical issues closely related to the daily lives of the people, such as managing traffic congestion, clearing garbage, demolishing illegal constructions, and coordinating issues like noise and cooking fumes that disturb residents. Additionally, the urban management department is adept at playing an "empathetic role" in governance. Faced with individuals who may not understand the law and violate it, they can provide necessary assistance from a perspective of individual care. For example, helping tenants claim rent from landlords engaged in illegal subletting, allowing the people to feel the warmth and care of the city.

Additionally, the urban management department encourages public participation in city management through activities like "Urban Management Open Day," yielding positive results. In recent years, the urban management department has actively promoted public involvement in urban management. Through initiatives like "Urban Management Open Day," volunteer services, and soliciting public suggestions, they aim to enhance public understanding of urban management work, fostering a greater sense of participation and satisfaction. In the future, the urban management department should also strengthen supervision and inspection of urban management to ensure the quality and effectiveness of citizen participation in urban management.

Liu Ping:

The introduction of the "Urban Management Checklist" is a significant measure by the Shanghai urban management department to optimize the business environment. The current 1.0 version of the checklist covers enforcement areas with high penalty frequencies. There are plans for the future release of version 2.0, with a continuous expansion for further optimization. In the field of urban management, minor violations are not subject to administrative penalties, providing a space for tolerance for market entities. Coupled with the education and guidance from urban management team, this will effectively assist market entities in developing in accordance with the law, enhancing the sense of achievement and perception of business operators. In fact, based on our research, the initial version of the checklist has received unanimous praise from market entities, industry associations, law enforcement units, and some deputies of NPC and CPPCC, etc. This has made a significant contribution to Shanghai actively creating a favorable business environment, attracting foreign investment, and building an international financial center.

Question 5:
Looking ahead, in the pursuit of establishing Shanghai as a socialist international metropolis with global influence, how do you believe the anchor points for urban governance should be determined? What are the directions and strategies?

Liu Ping:
Originally, we started with the system and then improved the relevant mechanisms, including relatively concentrated administrative penalty powers. The next step is to return to exploring the system and streamline the reform logic. I think there are two aspects: one is at the grassroots level, namely the comprehensive law enforcement in streets and towns, ensuring its effective implementation. The success of the reform of the comprehensive law enforcement system in streets and towns implies the success of the urban management's comprehensive law enforcement system. Previously, there were different opinions in academia and industry on whether to grant comprehensive law enforcement powers to streets and towns, reflecting a problem of difficulty in implementing reforms. In fact, it is still under exploration; can streets and towns undertake the complete task of comprehensive law enforcement? Whether to undertake a purely administrative law enforcement mission or to take on more tasks, including management and emergency response, is worth discussing. Another aspect is to look at the top level; there is a need to further streamline the relationship between the municipal urban management department and the district and streets, especially to clarify the ownership relationship of the municipal urban management department, ensuring that the work progresses solidly and steadily.

From the perspective of ordinary people, the most crucial aspect of urban management law enforcement reform is to further enhance the warmth of law enforcement. Unlike other government departments, urban management interacts directly with ordinary people, many of whom are vulnerable groups in society.

Therefore, in the process of law enforcement, both intensity and warmth need to be emphasized. There should be a further increase in the level of flexible law enforcement, which is an enduring issue.

Xia Wei:

The "new starting point" for Shanghai's urban management work should have a comprehensive perspective. I believe that at the grassroots level, a systematic approach should be taken to form a closed loop of discovering problems, solving problems, summarizing experiences, and strengthening guidance in case handling specificity, scientific scheduling, innovative methods, and practical application of results. To better lead and demonstrate the entire system's work.

We should persist with the main line of law enforcement and case handling, solidifying our main responsibilities. Implementing requirements to increase law enforcement efforts in key areas, designing a year-round special law enforcement project, adhering to a combination of routine control and special law enforcement, and maintaining per capita case handling efforts; emphasizing procedures and regulations, focusing on the quality of case handling in a project-oriented and specific manner, conducting regular file reviews, law enforcement case guidance, and analysis of typical cases to improve the standardization of law enforcement and case handling. We need to balance the scale and temperature of law enforcement, contributing to the optimization of the overall business environment.

Xue Jin:

The future of "people's city built by people" is one where every individual living in the city can enjoy the convenience and beauty of urban life. This includes a livable urban environment, convenient transportation, comfortable public spaces, and accessible public services. Everyone should have equal opportunities to participate in urban governance and development, establish good community relationships, and feel recognized and a sense of belonging in the community.

Looking ahead, I believe that urban management should further leverage its functional characteristics in city management, creating a culture of co-construction and sharing. Taking waste classification as an example, urban management officers can approach communities, businesses, and enterprises, conducting legal education and propaganda before law enforcement. This guides citizens to actively participate in waste classification, showing clear positive effects when legal education comes first. In the future, it is crucial to actively create a culture of co-construction and sharing. Through propaganda, cultural activities, promoting civilized behavior, and other means, education on social ethics and personal conduct should be strengthened, guiding citizens to establish correct urban management concepts and awareness. Meanwhile, urban management departments should actively promote the diversity and inclusivity of urban culture, allowing citizens with different cultural backgrounds to participate in city management and jointly build a beautiful home.

图书在版编目（CIP）数据

一流城市要有一流治理：城管综合执法卷 = A First-Class City Must Have First- Class Management: Urban Management and Law Enforcement / 上海市住房和城乡建设管理委员会，上海市城市管理行政执法局编著．— 北京：中国建筑工业出版社，2024.4
（新时代上海"人民城市"建设的探索与实践丛书）
ISBN 978-7-112-29654-5

Ⅰ.①一… Ⅱ.①上…②上… Ⅲ.①城市管理—行政执法—研究—上海 Ⅳ.①D927.512.297.4

中国国家版本馆CIP数据核字（2024）第054080号

责任编辑：黄　翊　徐　冉　刘　丹
责任校对：赵　力

新时代上海"人民城市"建设的探索与实践丛书
一流城市要有一流治理　城管综合执法卷
A First-Class City Must Have First-Class Management
Urban Management and Law Enforcement
上海市住房和城乡建设管理委员会
上海市城市管理行政执法局　　编著

*

中国建筑工业出版社出版、发行（北京海淀三里河路9号）
各地新华书店、建筑书店经销
北京锋尚制版有限公司制版
北京雅昌艺术印刷有限公司印刷

*

开本：787毫米×960毫米　1/16　印张：20¾　字数：307千字
2024年5月第一版　　2024年5月第一次印刷
定价：**149.00**元
ISBN 978-7-112-29654-5
　　（42758）
版权所有　翻印必究
如有内容及印装质量问题，请联系本社读者服务中心退换
电话：（010）58337283　QQ：2885381756
（地址：北京海淀三里河路9号中国建筑工业出版社604室　邮政编码：100037）